Fachspezifische Internetrecherche

Bibliotheks- und Informationspraxis 44

De Gruyter Saur

Anne-Katharina Weilenmann

Fachspezifische Internetrecherche

Für Bibliothekare, Informationsspezialisten
und Wissenschaftler

2., vollständig überarbeitete Auflage

De Gruyter Saur

Bibliotheks- und Informationspraxis ab Band 42:
Herausgegeben von Klaus Gantert und Ulrike Junger

Das moderne Bibliotheks- und Informationswesen setzt sich mit vielfältigen Anforderungen auseinander und entwickelt sich ständig weiter. Die Reihe Bibliotheks- und Informationspraxis greift neue Themen und Fragestellungen auf und will mit Informationen und Erfahrungen aus der Praxis dazu beitragen, Betriebsabläufe und Dienstleistungen von Bibliotheken und vergleichbaren Einrichtungen optimal zu gestalten.
Die Reihe richtet sich an alle, die in Bibliotheken oder auf anderen Gebieten der Informationsvermittlung tätig sind.

ISBN 978-3-11-023495-4
e-ISBN 978-3-11-023496-1

Library of Congress Cataloging-in-Publication Data

Weilenmann, Anna-Katharina.
  Fachspezifische Internetrecherche : für Bibliothekare, Informationsspezialisten und Wissenschaftler / Anna-Katharina Weilenmann. -- 2., vollständig überarbeitete Aufl.
    p. cm. -- (Bibliotheks- und Informationspraxis ; Bd. 44)
  Includes indexes.
  ISBN 978-3-11-023495-4 (alk. paper) -- ISBN 978-3-11-023496-1 (e-ISBN)
  1. Internet research. 2. Computer network resources. 3. Information retrieval. I. Title.
  ZA4228.W45 2011
  001.4'202854678--dc23
                                                                      2011042273

Bibliografische Information der Deutschen Nationalbibliothek
Die Deutsche Nationalbibliothek verzeichnet diese Publikation
in der Deutschen Nationalbibliografie; detaillierte bibliografische Daten
sind im Internet über http://dnb.d-nb.de abrufbar.

© 2012 Walter de Gruyter GmbH & Co. KG, Berlin/Boston

Druck: Hubert & Co. GmbH & Co. KG, Göttingen
∞ Gedruckt auf säurefreiem Papier

Printed in Germany

www.degruyter.com

Inhalt

Einführung zur Neuauflage

Seit der ersten Ausgabe des Titels „Fachspezifische Internetrecherche" sind nun bereits fünf Jahre vergangen. Technologisch und inhaltlich hat sich vieles verändert und weiter entwickelt während dieser Zeit, Neues ist entstanden, hat sich geformt und ausgeformt, Bewährtes ist geblieben, Überholtes, nicht mehr Zeitgemässes ist innovativen, aktuellen Themen und Trends gewichen.

Die Dynamik des Internets zeigt sich nirgends so offensichtlich wie an der Volatilität der einzelnen Webadressen, an der Gestaltung der Websites. Webseiten stellen etwas Lebendiges dar; sie wachsen durch und mit der steten Überarbeitung ihrer Inhalte. Dies kann nicht nur eine reizvolle Herausforderung fürs Suchen und Finden bedeuten, sondern gehört auch zur spannenden Auseinandersetzung mit noch unentdeckten Angeboten.

Die Neuauflage des Titels folgt dem bewährten Konzept der ersten Ausgabe; sie bietet wiederum eine Zusammenstellung und Beschreibungen relevanter Internetangebote, die durch qualitativ hochstehende Inhalte überzeugen. Jede URL im ersten Band ist auf ihre Gültigkeit überprüft und wenn nötig angepasst, neue Ressourcen integriert worden (Redaktionsschluss: Oktober 2011). Es wird darauf geachtet, dass die beschriebenen Websites vertrauenswürdig sind und regelmässig aktualisiert werden (dies gilt nicht für retrospektive Bibliographien und Datenbanken).

Die Einführungskapitel „Suchen und Finden" sowie „Suchstrategien" werden im Wortlaut grösstenteils so belassen, inhaltlich haben sie nichts an Aktualität eingebüsst. Zusätzlich wird ein Kapitel zu Informationskompetenz integriert.

Wichtigste Neuerungen

Die Subject Gateways, welche unter dem Namen „intute" firmieren, werden ab Juli 2011 eingestellt und nicht weiter aktualisiert: „Intute closed in July 2011. Please note that the site has now been archived and we are not adding any further resources to the catalogue or making any changes to existing content."[1]

Es wird explizit darauf hingewiesen, dass die einzelnen Websites nicht vom Netz genommen werden, die Projekte jedoch nicht mehr weitergeführt werden können und folglich keine Aktualisierungen mehr gemacht werden. Weil die „intute"-Angebote alle aus qualitativ hochwertigen Inhalten bestehen, ist es trotzdem vertretbar, diese in der Neuauflage weiterhin zu nennen. Auf einschlägigen Websites wird zudem bis zum heutigen Zeitpunkt auf diese Angebote verlinkt.

---

1   S. intute, FAQ: http://www.intute.ac.uk/faq.html (Stand 22. Oktober 2011).

In den entsprechenden Beschreibungen innerhalb einer Rubrik wird mit folgendem Satz auf diesen Umstand hingewiesen: Das Angebot wird seit Juli 2011 nicht mehr aktualisiert.

Institutionelle Repositorien

Institutionelle Repositorien (im deutschen Sprachgebrauch auch als „Dokumentenserver" bezeichnet) gehören mittlerweile zum Standardangebot jeder grösseren Universität. Aktuelle Studien zeigen, dass die Open Access-Bewegung, damit der Gedanke des freien Zugangs zu Informationen jeglicher Art und des Teilens und Wiederverwendens wissenschaftlicher Erkenntnisse (sharing and reuse), auch in Forscherkreisen immer mehr Beachtung findet (eine der wichtigsten Untersuchungen zum Forscherverhalten gegenüber Open Access ist die Studie „Study of Open Access Publishing" (SOAP), publiziert im Februar 2011[2]). Die zunehmende Wichtigkeit von Repositorien wird durch jährlich stattfindende Konferenzen unterstrichen, die sich ausschliesslich Inhalten zu dieser Thematik widmen (so z.B. die seit 2006 durchgeführte Konferenz „Open Repositories" - OR).[3]

Nach Clifford Lynch, der sich ausführlich mit der Entstehung und Entwicklung von Dokumentenservern befasst, erfüllen institutionelle Repositorien folgende Kriterien: „A set of services that a university offers to the members of its community for the management and dissemination of digital materials created by the institution and its community members. It is most essentially an organizational commitment to the stewardship of these digital materials, including long-term preservation where appropriate, as well as organization and access or distribution."[4]

Die Neuauflage des Buches enthält ein zusätzliches Kapitel „Institutionelle Repositorien", mit Auflistungen und Beschreibungen entsprechender Angebote. Weiter werden in diesem Teil Dokumentenserver besprochen, die Dissertationen und Abschlussarbeiten enthalten. Die Gliederung wird nach Kontinenten, innerhalb dieser alphabetisch, vorgenommen.

Die fachspezifischen Repositorien (subject repositories), welche sich durch fachbezogene, disziplinspezifische Inhalte auszeichnen, sind meist in entsprechende Fachportale bzw. Virtuelle Fachbibliotheken integriert; in diesen Fällen wird in den Einträgen zu den Fachbibliotheken darauf hingewiesen.

---

2   S. Study of Open Access Publishing (SOAP): http://project-soap.eu/ (Stand 22. Oktober 2011). Ausführlicher Bericht zur Studie: Dallmeier-Tiessen Sonja / Lengenfelder, Anja: Open Access in der deutschen Wissenschaft – Ergebnisse des EU-Projekts „Study of Open Access Publishing" (SOAP). In: GMS Medizin - Bibliothek – Information, Vol. 11 (2011), Nr. 1–2. URL: http://www.egms.de/static/pdf/journals/mbi/2011-11/mbi000218.pdf (Stand 22. Oktober 2011).

3   Eine ausführliche Beschreibung, inklusive Tagungsprogramm und Präsentationen der Konferenz des Jahres 2011, ist zu finden unter: https://conferences.tdl.org/or/OR2011/OR2011main (Stand 22. Oktober 2011).

4   S. Lynch 2003, o. S.

Bildungsressourcen

Vernetzung, mobile Technologien, innovative Entwicklungen im Hard- und Softwarebereich eröffnen auch im Bildungssektor neue und ungeahnte Möglichkeiten, hochwertige Inhalte für anspruchsvolle Zielgruppen zu schaffen. Technische Geräte wie Whiteboards und iPads werden bereits an verschiedenen Schulen eingesetzt[5] und zeigen den Wandel vom herkömmlichen Schulbetrieb hin zum Klassenzimmer von morgen. Schulbücher werden mit interaktiven Funktionen ausgestattet, sogenannte „Technology Enhanced Textbooks"[6] lassen die Richtung erkennen, in welche sich zukunftsorientiertes Lernen bewegen könnte.

Ob all dieser Technikeuphorie darf die inhaltliche Komponente nicht vernachlässigt werden. Plattformen mit qualitativ hochwertigen Angeboten frei zugänglicher Bildungsressourcen nehmen zunehmend eine nicht zu unterschätzende Rolle ein im Lehr- und Lernkontext.

„If the nineties were called the e-decade, the current decade could be the termed *the o-decade* (open source, open systems, open standards, open access, open archives, open everything)."[7]

Erstaunlicherweise sind „Open Educational Resources" (OER), oder in deutscher Terminologie auch mit „offenen Bildungsressourcen" bezeichnet, bis jetzt noch kaum ins Bewusstsein der bibliothekarischen und informationswissenschaftlichen Fachwelt gedrungen; in aktuellen Foren und Blogs nimmt die Diskussion darüber einen marginalen Platz ein. Umso wichtiger scheint es mir, diese Art von frei zugänglichen Inhalten zu berücksichtigen und deren Entwicklung kritisch zu beobachten.

Ein kurzer Blick auf Geschichte und Entstehung von OERs soll die relevanten Eckpunkte hervorheben.

Unter OERs versteht man „... teaching, learning, and research resources that reside in the public domain or have been released under an intellectual property licence that permits their free use or re-purposing by others."[8] Den Auftakt erfährt diese Bewegung im Jahr 2001, als das Massachusetts Institute of Technology (MIT) die Entscheidung trifft, die Lehrinhalte und –angebote seiner Dozierenden frei zugänglich ins Internet zu stellen. Unter dem Label „OpenCourseWare" (OCW)[9] entstehen unzählige hochwertige Lehrangebote; aktuell werden ca. 2000 Kurse zur Verfügung gestellt. Um die Verbreitung von „OpenCourseWare" zu stützen und zu propagieren, wird das „OpenCourseWareConsortium"[10] gegründet, bestehend aus einem Zusammenschluss von mehr als 100 Universitäten und Orga-

---

5   S. Lettenbauer 2011, o. S.
6   S. Technology Enhanced Textbook: Lehrbuch der Zukunft: http://www.mediendidaktik. org/2011/03/23/technology-enhanced-textbook/ (Stand 22. Oktober 2011).
7   S. Materu 2004, S. 5.
8   S. Atkins et al. 2007, S. 4.
9   S. OpenCourseWare: http://ocw.mit.edu (Stand 22. Oktober 2011).
10   S. OpenCourseWareConsortium: http://www.ocwconsortium.org/ (Stand 22. Oktober 2011).

nisationen weltweit. Seither nehmen die Inhalte kontinuierlich zu und entwickeln sich zu einer Ressource, die nicht weiter ausser Acht gelassen werden kann.

Die Neuauflage des Buches widmet deshalb diesen Bildungsressourcen ein eigenes Kapitel (S. 173 ff.). Es werden Inhalte verschiedener Fachgebiete beschrieben. Die Einteilung erfolgt analog zum Hauptteil (da frei zugängliche Bildungsressourcen noch zu einem eher unterrepräsentierten Bereich gehören, sind gewisse Fachgebiete über-, andere untervertreten, weshalb einige Fächer nicht berücksichtigt werden). Angaben zu Bildungsinhalten werden vereinzelt bereits im Hauptteil (Rubrik „Erziehung, Schul- und Bildungswesen") besprochen. Dies rührt daher, dass diese dort zum Gesamtkontext gehören.

Bibliotheks- und informationswissenschaftliche Weblogs

Den Abschluss des Bandes bilden fachspezifische Weblogs zum Bibliotheks- und Informationswesen. Von der Form her reihen sie sich weder in die Sparte „Subject Gateways" noch in die Rubriken „Lexika, Enzyklopädien, Wörterbücher" und „Bibliographien, Datenbanken" ein. Sie sind jedoch ein wichtiges Instrument, um sich einen guten Überblick zu verschaffen über Neuigkeiten, Trends, Entwicklungen im Informationswesen. Die zunehmende Fülle an interessanten Foren und Listen kann schnell zu Unübersichtlichkeit und Informationsüberflutung führen, deshalb möchte dieses Kapitel Anregungen bieten, wo man sich zu welchen Themen auf dem Laufenden halten kann, es möchte Ideen und Gedankenanstösse liefern, um den Bibliotheksalltag innovativ zu gestalten. Inhaltlich konzentriert sich die Auswahl vorwiegend auf neue Technologien, Innovationen, Perspektiven zur Zukunft des Berufsstandes.

Im Kapitel „Fachspezifische Weblogs" (S. 184 ff.) werden 24 Weblogs aufgelistet und kurz inhaltlich beschrieben. „netbib"[11] „VÖBBLOG"[12] und „Archivalia"[13] werden nicht explizit in dieser Rubrik aufgeführt. Diese Weblogs zeichnen sich durchaus durch eine hohe Qualität und interessante Beiträge aus, sie sind jedoch eher allgemeiner Ausrichtung und erfüllen deshalb die Kriterien für eine Aufnahme im Rubrikenteil nur bedingt. Zudem sind diese Angebote in bibliothekarischen Fachkreisen sicherlich hinreichend bekannt. Zusätzlich sei auf den Aggregationsdienst „Planet Biblioblog"[14] hingewiesen, der eine breitgefächerte Übersicht und Zusammenfassung von (vor allem deutschsprachigen) Weblogs bietet.

---

11   NETBIB WEBLOG: Der kurioese Bibliotheksbote worinnen zu finden sind allerley newe Zeitungen. http://log.netbib.de/ (Stand 22. Oktober 2011).

12   VÖBBLOG: http://www.univie.ac.at/voeb/blog/ (Stand 22. Oktober 2011).

13   Archivalia: http://archiv.twoday.net/; zu „Archivalia" existierte seit Oktober 2011 ebenfalls eine englische Version: Archivalia_EN: http://archivalia.tumblr.com (Stand 22. Oktober 2011).

14   Planet Biblioblog: Bibliothekarische Stimmen. Independent, täglich. http://plan3t.info/ (Stand 22. Oktober 2011).

Newsletters werden keine verzeichnet (erwähnenswürdig scheinen mir unter vielen trotzdem „Above the fold"[15] und „Nextspace",[16] die eine kritische Sicht auf das Bibliotheks- und Informationswesen werfen).

Lassen Sie sich inspirieren; so möge das Buch als Anregung dienen, Bewährtes neu zu entdecken, Unbekanntes zu finden, um ausgetretene Pfade zu verlassen und unkonventionelle Wege zu beschreiten.

Wie sagt doch Alan Kay so treffend: „The best way to predict the future is to invent it."

Literaturangaben

Atkins, Daniel E. / Brown, John Seely / Hammond, Allen. L.: A Review of the Open Educational Resources (OER) Movement. Achievements, Challenges, and new Opportunities. Menlo Park, CA: The William and Flora Hewlett Foundation 2007.

Lettenbauer, Susanne: Tschüs, Papier. In: Spiegel online, 27.07.2011. URL: http://www.spiegel.de/schulspiegel/wissen/0,1518,768599,00.html (Stand 22. Oktober 2011).

Lynch, Clifford A.: Institutional Repositories. Essential Infrastructure for Scholarship in the Digital Age. Washington, D.C.: Association of Research Libraries 2003. URL: http://www.arl.org/bm~doc/br226ir.pdf (Stand 22. Oktober 2011).

Materu, Peter N.: Open Source Courseware: A Baseline Study. O. O.: o. V. 2004. URL: http://siteresources.worldbank.org/INTAFRREGTOPTEIA/Resources/open_source_courseware.pdf (Stand 22. Oktober 2011).

---

15 Above the fold: A weekly newsletter for the changing world of libraries, archives and museums. http://tinyurl.com/3nqngec (Stand 22. Oktober 2011).

16 NextSpace: The OCLC Newsletter. http://www.oclc.org/us/en/nextspace/ (Stand 22. Oktober 2011).

Gedanken zum Suchen und Finden

> „Mancher sucht, um zu finden; und mancher findet,
> um nicht weiter suchen zu müssen".
>
> (Elazar Benyoëtz)

„Suchen" und „Finden", zwei unerlässliche Schlüsselqualifikationen, um mit der anfallenden Fülle von Informationen zurechtzukommen, sind zu einem selbstverständlichen Bestandteil unseres Alltags geworden. Die Tätigkeit des „Suchens und Findens" darf jedoch nicht willkürlich angegangen werden; wenn es das Ziel ist zu finden, „um nicht weiter suchen zu müssen", braucht es methodisches Vorgehen und Kriterien zur Bewertung von Informationen. Gerade die Informationsspezialisten* sollten danach streben, die richtige Information zum richtigen Zeitpunkt aufzuspüren und damit deren sinnvolle Weiterverarbeitung zu ermöglichen.

Was heisst „Information" überhaupt?

„Information" ist von der Bedeutung des Wortes her als „in Form bringen", „Formen" zu verstehen. „Information" steht am Anfang einer langen Kette verschiedenster Betätigungen; erst wenn etwas „in Form gebracht" ist, kann darauf aufgebaut werden. Informationen entstehen dadurch, dass auf ein Netzwerk einzelner Daten zurückgegriffen werden kann, ja die Informationen sind letztlich selbst Teil dieses Netzwerkes und dessen einzelner Komponenten.

Exemplarisch für ein solches Netzwerk steht das Internet mit seinen unzähligen Informationen, die miteinander verknüpft sind; dadurch wird jedermann auf einfache Art und Weise den Zugang zum Wissen der Welt ermöglicht. Doch ist es gerade diese bestechende wie geniale Einfachheit des Mediums, die zur Schwierigkeit werden kann. Das Zugreifen auf die einzelnen Verknüpfungen dieses unüberblickbaren Netzwerks, sich von Knoten zu Knoten bewegend, ohne zu beachten, wo man sich hinbegibt, täuscht dem Anwender eine Komplexitätsreduktion vor. Er gibt sich so der Illusion hin, auf Knopfdruck auf all seine Fragen eine Antwort zu finden.

Für den Anwender bleibt es indes schwierig, das für ihn Wichtige und Relevante aus der dichten Informationsfülle herauszufiltern. Durch die stete Bewegung von Knoten zu Knoten entlang dieses feinmaschigen Netzes ist er unbemerkt auch der Linearität des Netzes ausgesetzt; er fertigt ein Gewebe (einen Text) an, das womöglich aus willkürlich zusammengefügten Maschen besteht. In einem so erzeugten Gebilde passen die einzelnen Teile nicht zueinander, sie liegen zusammenhanglos da, ohne einen Sinn zu ergeben. Dies wird von Heinisch (2002) als „Fragmentaria" bezeichnet;[1] er geht in seinen Gedankengängen sogar noch einen Schritt weiter und spricht nicht nur das Endprodukt (das erzeugte Gewebe) an, sondern auch den Zustand des Anwenders, der dann nicht mehr dazu fähig ist, unzusammenhängende Informationen zu verarbeiten.

Dabei könnten gerade solche „Fragmentaria", also (Wissens)Fragmente, eine interessante Vision des wissenschaftlichen Arbeitens entstehen lassen, wenn man sie denn passend einzusetzen wüsste. Kuhlen formuliert bereits 1993 eine solche Vision: „Virtuelle Bücher beruhen auf der Verknüpfung einzelner Wissensfragmente, die nicht aus einem einzigen linearen Ausgangstext stammen müssen, zu grösseren (hoffentlich kohärenten) Einheiten."[2] Für Nohr (1996) sind virtuelle Bücher somit „individuelle, einmalige und zweckorientierte Bücher.... Die Wissensfragmente (dargestellt etwa als Text, Tabelle, Statistik, Graphik, Bewegtbild oder Tonsequenz) sind in nichtlinearer Weise verknüpft. Auf diese Weise entsteht, einem Spinnennetz gleich, ein 'Wissensnetz' als offenes System."[3]

Das Fehlen der Linearität, also die „Modularisierung von Wissen und der allseitigen Möglichkeit, die Kontinuität von Informationsabfolgen zu unterbrechen"[4] formuliert jedoch bereits Paul Otlet, einer der Gründer des „Institut International de Bibliographie" (später „Institut International de Documentation"). Otlet gehört mit diesen Ideen zum geistigen Wegbereiter des Hypertexts. Den Begriff „Hypertext" hat Ted Nelson 1965 geprägt.

Diese Entwicklung zeigt, dass das Element des Fragmentarischen und das Zusammensetzen einzelner Wissensteile schon zu einem frühen Zeitpunkt als Vision geäussert wird.

Das Ordnen solcher Wissensteile und somit die Generierung neuer Inhalte erfordert eine Struktur, bedarf massgeschneiderter, aber einfach zu benützender Instrumente für die Anwender.

Es gehört zu den Hauptaufgaben der Bibliotheken, geeignete Tools und Plattformen zu schaffen, um eine Strukturierung der Angebote zu erreichen und somit die Suche nach relevanten Informationen zu erleichtern. Der Weg dorthin wirft jedoch zeitweise mehr Fragen auf als Antworten bestehen.

Einige wichtige Eckpunkte sollen hier kurz nachgezeichnet werden.

Ab 1994 werden zuerst in den Vereinigten Staaten, anschliessend in Grossbritannien, verschiedene Projekte und Initiativen ins Leben gerufen, welche den Aufbau digitaler Bibliotheken fördern sollen. Zu Beginn sind es jedoch nicht nur die (neu) zu erstellenden Inhalte, die zu Unklarheiten führen, sondern es ist vor allem auch die Terminologie, die Unsicherheit auslöst. Ist es die elektronische Bibliothek, die digitale oder vielleicht eher die virtuelle Bibliothek, die als Ansatz

---

1   S. Heinisch 2002, S. 340.
2   S. Kuhlen 1993, S. 52.
3   S. Nohr 1996, S. 826.
4   S. Seeger 2004, S. 189.

weiterverfolgt und ausgebaut werden soll? Man muss sich offensichtlich zuerst an den Gedanken gewöhnen, dass sich die Wissensproduktion nicht mehr ausschliesslich auf das Gedruckte beschränkt, sondern sich auch allmählich in die digitale Welt verschiebt. Es geht also nicht mehr um ein Entweder-oder, es muss sich zukünftig um ein sinnvolles Nebeneinander und um eine gute Ergänzung der beiden Medienarten handeln. Dieses Nebeneinander beschreibt Rusbridge (1998) in seinem Artikel „Towards the Hybrid Library" und prägt damit auch den neuen Begriff der hybriden Bibliothek. Die Problematik der Terminologie für digitale Bibliotheken hat Rusch-Feja (1999; 2000) in diversen Aufsätzen ausführlich dargestellt.

Im Rahmen des eLib-Programms entstehen ab 1994 in Grossbritannien die „Subject Gateways", die folgende Ansprüche erfüllen sollen: „Subject gateways are Internet services which support systematic resource discovery. They provide links to resources (documents, objects, sites or services), predominantly accessible via the Internet. The service is based on resource description. Browsing access to the resources via a subject structure is an important feature."[5] Als erstes wird das „Social Science Information Gateway" (SOSIG, nun „intute: Social sciences") (Eintrag 55) aufgebaut, welches somit auch Modell-Charakter aufweist. Das Ziel ist, mit solchen „Subject Gateways" eine intellektuelle Erschliessung fachlich relevanter Internetquellen zu erreichen. Innert kurzer Zeit entstehen weitere Angebote wie z.B. Edinburgh Engineering Virtual Library (EEVL) (nun aufgegangen in „TechXtra", Eintrag 147), Organised Access to Medical Networked Information (OMNI) (nun „intute – Medicine", Eintrag 154). Auch in Deutschland bilden sich wenig später erste ähnliche Dienste, hier besser bekannt als „Virtuelle Fachbibliotheken" (eine der ersten war der „Server Frühe Neuzeit").

Die Dienstleistungen und Suchmöglichkeiten werden immer mehr verfeinert und auf die Bedürfnisse der Enduser abgestimmt. 1996 lanciert Yahoo als erster Anbieter eine Personalisierungsfunktion, die sich später zu „MyYahoo" weiterentwickelt. Im Sommer 1997 bieten verschiedene Provider ihren Kunden die Möglichkeit, nutzerspezifische und individuelle Homepages zu erzeugen, was fortan mit dem Ausdruck „Portal" umschrieben wird. Damit wird ein neuer Begriff eingeführt; dieser wird vorerst vor allem im wirtschaftlichen Umfeld verwendet. In der Bibliothekswelt nimmt man den Portal-Begriff eher zögerlich ins Vokabular auf (in Deutschland wird diese Thematik erst im Jahr 2001, auf dem 91. Bibliothekartag in Bielefeld, angesprochen, welcher unter dem Titel „Portale zum globalen Wissen" lief).

Der Ausdruck „Portal" wird jedoch bis dahin vielmehr als werbeträchtiges Schlagwort eingesetzt, denn als nützliches Instrument für Enduser konzipiert. Ein Portal muss ganz bestimmte Bedingungen erfüllen, damit es sich so nennen darf und echten Mehrwert bietet. Gemäss Rösch (2000) und Rösch (2004) zeichnet sich dieses durch neun Kerneigenschaften aus: zentraler Einstieg, leistungsfähige Suchwerkzeuge, Aggregation grosser Informationsmengen, Strukturierung und Aufbereitung von Informationen, Integration von Zusatzfunktionalitäten, Persona-

---

5   S. Koch 2000, S. 24–25.

lisierung, Kommunikation und Kollaboration sowie Validierung von Informationen (Überprüfung und Bewertung der Informationen).[6]

Im Mittelpunkt all dieser Anwendungen sollten nach wie vor die einzelnen Suchmöglichkeiten stehen. Das Ziel sollte sein, die Recherchefunktionalitäten soweit wie möglich auf das Suchverhalten der Nutzer abzustimmen. Lossau (2004) führt in seinen Betrachtungen zu „Suchmaschinentechnologie und Digitale Bibliotheken" die Punkte „Dateiformate/Volltextsuche", „unterschiedliche Content-Typen", „begrenzte Skalierbarkeit und Performance", „Suchkomfort" und „Trefferlisten/Ranking" auf, welchen diesbezüglich besondere Beachtung geschenkt werden sollte.[7]

Die Umsetzung dieser Forderungen ist u.a. an der „Bielefeld Academic Search Engine" (BASE, http://base.ub.uni-bielefeld.de) nachzuvollziehen. BASE ist die multidisziplinäre Suchmaschine der Universität Bielefeld für wissenschaftliche Internet-Quellen und basiert auf der Suchtechnologie des kommerziellen Anbieters FAST Search & Transfer.

Heute stehen wir wiederum vor neuen technologischen und sozialen Entwicklungen des Internets. „Wikis", „Weblogs", „Web 2.0", um nur einige Ausdrücke zu nennen, werden bereits angeregt diskutiert in der Fachliteratur. Was aber steckt dahinter, ist damit womöglich nur ein neuer Hype verbunden?

Hinter dem Schlagwort „Web 2.0" (in diese Kategorie gehören auch die „Wikis" und „Weblogs") steht die Idee, alltägliche Softwareanwendungen ins World Wide Web zu verlegen; die einzige Client-Applikation, die ein Internetuser dann noch benötigen würde, wäre ein Webbrowser. Zum Grundbestandteil des „Web 2.0" gehört auch, dass sich die Dienste nicht nur für ihre Nutzer öffnen, sondern auch untereinander interagieren. „All diese Dienste leben im Web in einer symbiotischen Beziehung miteinander, sie profitieren voneinander, statt einander Konkurrenz zu machen."[8] Beim Nutzer führt dies zu einem ganz neuen Verständnis und Gemeinschaftsgedanken; die Technologie des Webs tritt in den Hintergrund, das Kooperationselement wird zu einem wesentlichen Aspekt beim Arbeiten. Das „Web 2.0" ist denn auch eher als „an attitude not a technology" zu verstehen, wie dies Davis im „Internet Alchemy blog" vom 4. Juli 2005[9] treffend umschreibt.

Im „Web 2.0" werden die einzelnen Wissensfragmente von den Anwendern nun also nicht mehr nur herausgesucht und neu zusammengesetzt, sondern die einzelnen Teile können sich auch miteinander „austauschen" (so kann z.B. ein Word-Dokument von mehreren Nutzern gleichzeitig bearbeitet werden). Die Echt-Zeit-Bearbeitung und die Synchronizität des Austauschens, das Teilhaben an den Gedankengängen anderer, erzeugt eine Unmittelbarkeit und eine Dynamik, die wiederum zu neuer Wissensgenerierung führt.

Solche eher noch futuristisch anmutende Szenarien erfordern ein ganz anderes Arbeitsverständnis. Im wissenschaftlichen Umfeld werden zurzeit verschiedene

---

6   S. Rösch 2000, S. 249 und Rösch 2004, S. 186.
7   S. Lossau 2004, S. 287, S. 288.
8   S. Sixtus 2006, S. 150.
9   S. Davis 2005, o. S.

Ideen und Visionen entwickelt, die in eine neue Form von Wissenschaft münden, der sogenannten „e-Science". Der Begriff steht für „enhanced science", für wissenschaftliches Arbeiten, welches sich der neusten Netz-, Informations- und Wissenstechnologien bedient. Damit soll erreicht werden, dass Forschungsprozesse erleichtert, verbessert und intensiviert werden können.

Es gibt bereits verschiedene Initiativen, die sich der Förderung von „e-Science"-Projekten angenommen haben; in Deutschland läuft ebenfalls schon ein entsprechendes Programm, unterstützt vom Bundesministerium für Bildung und Forschung (BMBF).

Welche Herausforderungen kommen damit auf die Informationsspezialisten zu?

Es geht darum, sofort auf die verschiedenen Bedürfnisse der Wissenschaftler einzugehen, die Unmittelbarkeit, die durch die neuen Arbeitsformen entsteht, aufzunehmen. Das kann sich jedoch nicht darauf beschränken, eine virtuelle Auskunft wie z.B. Chat-Funktionalitäten anzubieten. Die Informationsspezialisten sollten proaktiv vorgehen, die Wünsche ihrer Kunden also vorwegnehmen. Dies könnte z.B. so aussehen, dass bei einer Datenbanksuche automatisch diverse Fenster eingeblendet werden, die Hilfe anbieten (z.B. ein Chatangebot oder ein Fenster mit der richtig formulierten Suchstrategie).

Vielleicht sind es gerade die unzähligen, neu erzeugten Wissensfragmente, die nun einer andersartigen Organisation und Ver-Netzung bedürfen, welche grosses Potenzial bergen, um sinnvoll mit der Informationsmenge von morgen umzugehen.

Vielleicht sind die Ideen einer „e-Science" ein gangbarer Weg, vielleicht braucht es womöglich eine „Cyber-Wissenschaft", wie dies Nentwich in seiner Vorstellung vom Forscher der Zukunft formuliert: „Ich nenne diese Vision ‚subdisziplinäre', also in jedem Fach speziell organisierte, ‚vernetzte' ‚Hyperbasen', also Text- und Multimedia-‚Räume', die keine linearen Texte, sondern Hypertextstrukturen enthalten,... und damit eine Art dynamisches Abbild des Status Quo einer Disziplin abbilden."[10]

Für Informationsspezialisten ist es wichtig, solche Entwicklungen mitzuverfolgen, sich von der Technik und den innovativen Dienstleistungen inspirieren zu lassen, dabei jedoch die Inhalte nicht aus den Augen zu verlieren. Es ist unumgänglich, frühzeitig Trends zu erkennen und aufzunehmen, um damit Neues zu bewirken: Wie drückt dies Mark Twain doch so treffend aus: „Twenty years from now you will be more disappointed by things you didn't do than by the ones you did. So throw off the bowlines... Explore. Dream. Discover."

---

10 S. Nentwich 2000, o. S.

Literaturangaben

Davis, Ian: Talis, Web 2.0 and All That. In: Internet Alchemy blog, 4 July 2005, o. S. URL: http://blog.iandavis.com/2005/07/04/talis-web-2-0-and-all-that (Stand 22. Oktober 2011).

Heinisch, Christian: Inmitten der Informationsflut herrscht Informationsmangel. Über das Paradoxon der Wissensgesellschaft und seine Bewältigung. In: ABI-Technik, Vol. 22 (2002), Nr. 4, S. 340 – 349.

Koch, Traugott: Quality-controlled subject gateways. Definitions, typologies, empirical overview. In: Online Information Review, Vol. 24 (2000), Nr. 1, S. 24 – 34.

Kuhlen, Rainer: Wie real sind virtuelle Bibliotheken und virtuelle Bücher? In: Neue Dimensionen in der Informationsverarbeitung. Hrsg. Josef Herget. Konstanz: Universitätsverlag 1993, S. 41 – 57.

Lossau, Norbert: Suchmaschinentechnologie und Digitale Bibliotheken – Bibliotheken müssen das wissenschaftliche Internet erschliessen. In: Zeitschrift für Bibliothekswesen und Bibliographie, Vol. 51 (2004), Nr. 5/6, S. 284 – 294.

Nentwich, Michael: Die Zukunft des wissenschaftlichen Publikationswesens im Zeitalter der Cyber-Wissenschaft. IBLC-Symposium, 21. – 22. Oktober 2000. Frankfurt am Main: o. V. 2000. URL: http://www.oeaw.ac.at/ita/ebene5/frankfurt.pdf (Stand 22. Oktober 2011).

Nohr, Holger: Virtuelle Bibliotheken. Fragen, Vorstellungen und neue „alte" Aufgaben. In: Buch und Bibliothek Vol. 48 (1996), Nr. 10/11, S. 824 – 830.

Rösch, Hermann: Internetportal, Unternehmensportal, Wissenschaftsportal. Typologie und Funktionalität der wichtigsten Portalkonzeptionen. In: Informationskompetenz - Basiskompetenz in der Informationsgesellschaft. Proceedings des 7. Internationalen Symposiums für Informationswissenschaft (ISI 2000). Hrsg. Gerhard Knorz, Rainer Kuhlen. Konstanz: Universitätsverlag 2000, S. 245 – 264.

Rösch, Hermann / *Weisbrod*, Dirk: Linklisten, Subject Gateways, Virtuelle Fachbibliotheken, Bibliotheks- und Wissenschaftsportale. Typologischer Überblick und Definitionsvorschlag. In: BIT-online, Vol. 7 (2004), Nr. 3, S. 177 – 188.

Rusbridge, Chris: Towards the Hybrid Library. In: D-Lib Magazine, July/August 1998, o. S. URL: http://www.dlib.org/dlib/july98/rusbridge/07rusbridge.html (Stand 22. Oktober 2011).

Rusch-Feja, Diann: Digital Libraries. Informationsform der Zukunft für die Informationsversorgung und Informationsbereitstellung?. Teil 1. In: BIT-online, Vol. 2 (1999), Nr. 2, S. 143 – 156.
Teil 2. In: BIT-online, Vol. 2 (1999), Nr. 3, S. 281 – 306.
Teil 3. In: BIT-online, Vol. 2 (1999), Nr. 4, S. 435 – 446.

Rusch-Feja, Diann: Digital Libraries. Informationsform der Zukunft für die Informationsversorgung und Informationsbereitstellung?.
Teil 4. In: BIT-online, Vol. 3 (2000), Nr. 1, S. 41 – 60.
Teil 5. In: BIT-online, Vol. 3 (2000), Nr. 2, S. 199 – 210.

Seeger, Thomas: Ein Blick voraus in die Vergangenheit. Von Visionen und Konzepten der frühen Dokumentationsbewegung. In: Wissen in Aktion. Der Primat der Pragmatik als Motto der Konstanzer Informationswissenschaft. Festschrift für Rainer Kuhlen. Hrsg. Rainer Hammwöhner, Marc Rittberger, Wolfgang Semar. Konstanz: Universitätsverlag 2004, S. 181 –193.

Sixtus, Mario: Das Netz erfindet sich neu. Ein Streifzug durch das Web 2.0. In: c't. 2006, Nr. 5, S. 144 – 151.

* Der Einfachheit halber wird im Text nur die männliche Form verwendet.

Suchstrategien

„Das Problem der Informationsgesellschaft besteht nicht nur darin, immer mehr Menschen immer mehr Informationen zur Verfügung zu stellen; es müssen gleichzeitig Mittel und Wege gefunden werden, die immer reichlicher fliessenden Informationen zu verwalten, zu erschliessen und menschengerecht zu filtern... Wonach man auch sucht, selbst nach den obskursten Dingen, dauernd erhält man heute im Internet 3000, 30 000, oder 300 000 Treffer, die allermeisten ohne jeden Bezug zum Gesuchten oder aus anderen Gründen völlig nutzlos; dann engt man die Suche mit allen Tricks und Kniffen ein, und es sind immer noch 999 und zu viele, und wenn in ein paar Jahren zehnmal so viele Server im Netz ihren Dienst versehen, wie viele werden es dann sein? Wenn die ganze Erde zu einem einzigen Heuhaufen geworden ist? Wird man dann nach der Nadel auch nur noch zu suchen wagen?"[1]

Diese Passage aus dem Buch von Dieter E. Zimmer umschreibt sehr treffend, wie es vielen Internetbenutzern ergeht, wenn sie nach Informationen suchen. Die vielzitierte Nadel im Heuhaufen wirklich zu finden, wird angesichts der rasant zunehmenden Informationsangebote im Internet immer schwieriger. Es kann nicht die Lösung sein, irgendetwas zu finden, sondern es sollte der Anspruch eines jeden sein, genau das zu finden, wonach er gesucht hat. Es geht denn vor allem auch darum zu wissen, *wie* man sich zu der Nadel im Heuhaufen vortastet, und *wie* man diese findet.

Eine wichtige Voraussetzung dafür ist, den ganzen Vorgang des Suchens von Anfang an zu verstehen, um zu einem erfolgreichen Abschluss bringen zu können, ganz im Sinne von „...und mancher findet, um nicht weiter suchen zu müssen" (siehe S. 7).

In diesem Kapitel möchte ich die Thematik des „Suchens und Findens" aus einem zusätzlichen Blickwinkel beleuchten und aufzeigen, worauf geachtet werden muss, um eine Recherche erfolgreich durchführen zu können.

Nach Überlegungen zu „Informationskompetenz" werden die einzelnen Schritte beim Suchen und Finden dargelegt und kurz umschrieben: das Auskunftsinterview, die dahintersteckende Terminologie sowie das Vorgehen beim Recherchieren und die anzustrebende Qualität der einzelnen Resultate.

Bei den verschiedenen Punkten handelt es sich um Anregungen, Gedankenanstösse und kritische Überlegungen, wie man ohne Google und sonstige Suchmaschinen zu vernünftigen und relevanten Informationen gelangen kann.

---

1   Zimmer 2000, S. 30-31.

Informationskompetenz

Die zunehmende Popularität des Internets, die sich seit Mitte der 90er Jahre in der Gesellschaft abzuzeichnen begann und seither unermüdlich fortschreitet, löste in der Fachwelt, sprich bei den Informationsspezialisten, nicht nur Begeisterung aus. Befürchtungen wurden laut, die Bibliotheken würden wegen des Internets ihre Bedeutung verlieren, denn der Bibliotheksbenutzer von heute finde ja nun „alles" im Internet (Disintermediation).

Solche Befürchtungen mögen teilweise berechtigt sein. Dies verdeutlicht eine Studie des „OCLC Online Computer Library Center", die 2005 unter dem Titel „Perceptions of Libraries and Information Resources" publiziert wurde. Die Kernaussagen dieser Studie sind:

Die Bibliotheken werden in den Augen ihrer Kunden immer noch vornehmlich als Orte gesehen, wo man (gedruckte) Bücher entleihen kann. Den meisten Kunden ist die reiche Palette an elektronischen Medien gar nicht bekannt.

Wer im Internet nach Informationen sucht, besucht weniger oft Bibliotheken.

84 % der Leute beginnen ihre Recherche mit Suchmaschinen, einzig ein Prozent der Leute nehmen die Bibliothekswebsite als Ausgangspunkt.

90 % aller Befragten in der Studie sind mit der Qualität von Suchmaschinen zufrieden.

Unter Berücksichtigung dieser Tatsachen erhält die Frage, wie die Informationsspezialisten dem entgegenwirken und Einhalt gebieten können, eine grosse Bedeutung. Es geht darum, unseren (zukünftigen) Bibliothekskunden Wege und Methoden aufzuzeigen, wie sie ihre Informationsbedürfnisse gezielt befriedigen können, unsere Kunden „informationskompetent" zu machen.

„Informationskompetent" zu sein bzw. über Informationskompetenz zu verfügen, heisst jedoch viel mehr, als des Suchens und Findens mächtig zu sein. Es bedeutet, den ganzen Prozess der Informationsbeschaffung verstehen zu können, angefangen bei der Erkenntnis, dass ein Informationsbedürfnis da ist, was zur anschliessenden Lokalisierung, Auswertung und Weiterverarbeitung der entsprechenden Informationen führt: „To be information literate, a person must be able to recognize when information is needed and have the ability to locate, evaluate, and use effectively the needed information." (Definition der „American Library Association", ALA).[2]

Um die Bibliothekskunden optimal bei der Informationssuche zu unterstützen, werden nicht nur Schulungen in der Bibliothek vor Ort angeboten, sondern zunehmend auch computerbasierte Einführungen und, begünstigt durch das Internet, Online-Tutorials erstellt. Als eines der ersten Programme in diesem Bereich kann hier „Der schlaue Det"[3] der Fachhochschule Hamburg genannt werden, welches dort bereits seit des Wintersemesters 1998/1999 im Fachbereich Bibliothek und Information als internetbasiertes Schulungsprogramm zur Steigerung der Biblio-

---

2   S. ALA 1989.
3   S. http://www.det.informationskompetenz.net (Stand 22. Oktober 2011).

thekskompetenz eingesetzt wird.[4] Auf weitere vielversprechende Online-Tutorials trifft man u.a. an der Technischen Universität Hamburg-Harburg mit dem Projekt „DISCUS"[5] und vermehrt auch bei den virtuellen Fachbibliotheken wie z.B. bei der „Virtuellen Fachbibliothek Politik" (ViFaPol, Eintrag 64).[6]

Als Anregung und zur weiterführenden Lektüre seien hier die Diplomarbeit „Die Vermittlung von Informationskompetenz in Online-Tutorials"[7] von Rauchmann sowie als „Best-Practice-Beispiele" der Band „Teaching Library in Deutschland" von Lux/Sühl-Strohmenger (2004) und die Website „Informationskompetenz, Vermittlung von Informationskompetenz an deutschen Hochschulen"[8] erwähnt.

Auskunftsinterview

„Der Kunde schätzt die Kompetenz eines Bibliothekars deswegen im Besonderen anhand der Interaktion ein, wichtigster Indikator ist dabei das Auskunftsinterview."[9] Damit werden vor allem zwei Ziele verfolgt: zum einen merkt der Kunde, dass ihm die nötige Aufmerksamkeit geschenkt wird, zum anderen ist es für den Bibliothekar unerlässlich, zuerst die Fragestellung genau zu eruieren, damit er gezielt recherchieren kann.

Mit einem guten Auskunftsinterview kann der Informationsspezialist dem Kunden signalisieren, dass die Anliegen des Fragenden im Zentrum stehen, dass der Informationsspezialist auf die Wünsche eingeht und diese bestmöglichst ermitteln und „spüren" kann. Der Ablauf eines solchen Beratungsgesprächs gestaltet sich folgendermassen:

1. Prä-Interview
2. Frage des Kunden
3. Analyse der Kundenfrage
4. Lösungsangebot
5. Rückmeldung des Kunden
6. weitere Lösungsvorschläge
7. Verabschiedung[10]

Das bedeutet, dass sich der Informationsspezialist stets bemüht, den Kern der Frage aus der Schale herauszulösen, ihn in kleine Einzelstücke zu teilen, nach erfolgter Recherche die Einzelheiten wieder zusammenzufügen, um dem Kunden

---

4 S. Dannenberg et al. 1999, S. 44.
5 S. Hapke/Marahrens 2004; DISCUS ist unter der URL http://discus.tu-harburg.de verfügbar (Stand 22. Oktober 2011).
6 S. http://www.vifapol.de/tutorial/ (Stand 22. Oktober 2011).
7 S. Rauchmann 2003, S. 190-285.
8 S. http://www.informationskompetenz.de (Stand 22. Oktober 2011).
9 S. Georgy/Nothen 2006, S. 242.
10 S. Auskunft und Information 1998, S. 21.

nach allfälliger Rücksprache mit ihm das erarbeitete Ergebnis zu präsentieren. Wesentlich ist es, dem Kunden gegenüber Informationsempathie zu entwickeln, sich also in seine Anliegen „hineinzufühlen".

Im Idealfall erhält der Kunde alle von ihm benötigten Auskünfte; es kann jedoch auch sein, dass er nicht immer ganz zufriedengestellt werden kann. „So much has already been written about everything that you can't find out anything about it." Dieser treffende Satz von James Thurber verdeutlicht, dass wir trotz der vielfältigen und unerschöpflichen Quellen der einzelnen Medien, besonders des Internets, manchmal an Grenzen stossen. Wie gehen wir damit um? In solchen Situationen können wir dem Kunden Alternativen zum Gesuchten anbieten. Wir dürfen auch zugeben, an einem bestimmten Punkt nicht mehr weiter zu wissen, ohne dass der Kunde deswegen grundsätzlich an unserer Kompetenz zweifelt.[11] Dies erlaubt es, uns mit der nötigen Aufmerksamkeit seinem Thema und seinen Vorstellungen zu nähern.

Die „Reference and User Services Association" beschreibt in ihren „Guidelines for Behavioral Performance of Reference and Information Service Providers"[12] bereits 1996 Kriterien für die Qualität der Auskunftsarbeit und ihrer Evaluation. Diese Guidelines dürften als bekanntester Standard für den Auskunftsbereich gelten. Seit 2001 werden darin die persönliche Auskunft (vor Ort) und die über Internet angebotene Auskunft explizit unterschieden.

Einzelheiten zur Durchführung von Auskunftsinterviews im digitalen Umfeld werden hier nicht weiter ausgeführt. Zusätzliche Literatur dazu findet sich bei den „IFLA Digital Reference Guidelines" der IFLA-Sektion „Reference and Information Services",[13] welche zudem unter dem Titel „IFLA Richtlinien Digitale Auskunft" auch auf Deutsch[14] vorliegen sowie auch bei Albrecht (2006).

Suchverlauf

Um eine Recherche effizient zu gestalten, ist es sinnvoll, die einzelnen Komponenten der „Suchlandschaft" und die Mechanismen kennenzulernen, die hinter den Netzbewegungen der Internetnutzer stecken, und die dafür benötigten Hilfsmittel aufzuzeigen.

Die Begriffe „Invisible Web" und „Web 2.0" werden in der aktuellen Fachliteratur bereits seit einiger Zeit rege diskutiert. Deshalb wird an dieser Stelle eine Klärung der Ausdrücke vorgenommen sowie auf die Feinheiten und Abstufungen im „Invisible Web" eingegangen. Die verschiedenen Navigationsarten im Internet werden aufgezeigt, abschliessend die Vielfalt der Suchmaschinen besprochen.

---

11   S. ibid., S. 23.
12   S. http://www.ala.org/ala/mgrps/divs/rusa/resources/guidelines/guidelinesbehavioral.cfm (Stand 22. Oktober 2011).
13   S. http://www.ifla.org/VII/s36/pubs/drg03.htm (Stand 22. Oktober 2011).
14   S. http://www.ifla.org/VII/s36/pubs/drg03-de.htm (Stand 22. Oktober 2011).

Das Internet hegt unzählige verborgene Schätze, die in den Tiefen des WWW schlummern, mittels Suchmaschinen nicht gehoben werden können und deshalb oft unentdeckt bleiben. Dieser Umstand wird seit geraumer Zeit mit dem Begriff „Invisible Web" oder „Deep Web" umschrieben; es wird geschätzt, dass dieses ca. 500 mal grösser ist als das „konventionelle" Web. Als gebräuchlicher Begriff hat sich „Invisible Web" durchgesetzt.

In der Fachliteratur werden dazu seit ca. 1997 verschiedene Artikel publiziert. Ein wegweisendes, viel zitiertes Werk ist das Buch „The Invisible Web - Uncovering Information Sources Search Engines Can't See" von Sherman/Price (2001), das allerdings betreffend Linkempfehlungen sehr amerikanisch anmutet. Ebenfalls nicht unerwähnt bleiben darf Pedley (2001), der mit seiner Schrift eine gute Einführung ins Thema bietet. Als deutschsprachige Publikation, die sich mit den Aspekten des „Invisible Web" befasst, ist die an der Fachhochschule Potsdam eingereichte Abschlussarbeit von Stölzel (2004) aufzuführen.

Sherman/Price definieren das „Invisible Web" wie folgt: „Text pages, files, or other often high-quality authoritative information available via the World Wide Web that general-purpose search engines cannot, due to technical limitations, or will not, due to deliberate choice, add to their indices of Web pages"[15]. Sie unterscheiden dabei vier verschiedene Bereiche des „Invisible Web": das Opaque Web, das Private Web, das Proprietary Web und das Truly Invisible Web.

Mit „Opaque Web" (undurchsichtiges Web) wird jener Teil bezeichnet, der von den Suchmaschinen technisch erfasst werden kann, aufgrund bestimmter Restriktionen trotzdem nicht indexiert werden kann; dies sind z.B. Webseiten, die nur bis zu einer bestimmten Ebene erfasst werden (Tiefe des Crawlings), Crawl-Frequenz (Aktualität) u.a.

Das „Private Web" (privates Web) beinhaltet Seiten, die bewusst von der Indexierung durch Suchmaschinen ausgenommen werden; dies kann durch eine Passwort-Abfrage oder durch den Einsatz einer Robots-Exclusion-Datei (robots.txt) erzielt werden.

Beim „Proprietary Web" (dem geschützten Web) wird eine Registrierung mit Angabe persönlicher Daten und die Zustimmung für bestimmte Nutzungsbedingungen verlangt. Hier handelt es sich meist um kostenpflichtige Datenbanken.

Das „Truly Invisible Web" (wirklich unsichtbares Web) besteht aus Seiten, die für Suchmaschinen infolge technischer Gründe nicht indexierbar sind (z.B. dynamisch generierte Seiten).

Neben diesen Definitionen existieren noch andere Unterteilungen bzw. Begriffe, um das „Invisible Web" zu umschreiben. Bei Pedley trifft man auf folgende Unterscheidungen: almost visible Web (Suchmaschinen indexieren nur einen Teil des ganzen WWWs), vanishing Web (Webseiten, die plötzlich nicht mehr existieren oder für eine bestimmte Zeit nicht erreichbar sind), gated Web (Webseiten, die eine Registrierung verlangen) und professional Web (kostenpflichtige Datenbanken, die via WWW-Oberfläche angeboten werden, z.B. „Dialog"). Die verschie-

---

15   S. Sherman/Price 2001, S. 57.

denen Begriffe erlauben ein Einordnen der Problematik des „Invisible Web" und lassen dessen Komplexität erkennen.

Eine Dynamik von besonderer Herausforderung verspricht das „Web 2.0", das mit neuen Funktionalitäten und Angeboten aufwartet.

Zum Grundbestandteil des „Web 2.0" gehört, dass die einzelnen Webdienste untereinander interagieren. Das Element der Kooperation erhält eine grosse Bedeutung, der Aspekt des Sozialen tritt in den Vordergrund (in der Fachsprache durch die Neuschöpfung des Wortes „Social Software" zum Ausdruck gebracht). In diesem Umfeld verläuft die Kommunikation anders: „Im Gegensatz zu Kommunikation nach dem Prinzip „One-to-Many" (Zeitungen, Zeitschriften, Homepages, Portal...) und „One-to-One" (Brief, Telefon, E-Mail, Chat...) geht es hier in erster Linie um „Many-to-Many"."[16]

Aus Sicht des Informationsspezialisten und des Recherchierenden liegt die Relevanz des „Web 2.0" darin, dass ihnen wichtige Hilfsmittel und Kanäle zur Verfügung stehen, um sich auf dem Laufenden zu halten. Hier sind vor allem die zahlreichen Weblogs und Wikis zu nennen; im Bereich der Information und Dokumentation sind das „IB Weblog" der Humboldt-Universität zu Berlin[17], das „netbib weblog"[18], in englischer Sprache z.B. „Resourceshelf"[19] und „The shifted librarian"[20] besonders empfehlenswert.

Arten von Suchanfragen

Vor dem Beginn einer Recherche ist es sinnvoll, sich die einzelnen Suchstrategien zu vergegenwärtigen und zu verstehen, was dahinter steckt. Deshalb wird an dieser Stelle zuerst ein Überblick über die Vorgehensweisen beim Suchen sowie über die verschiedenen Suchmaschinen gegeben, anschliessend die Suchstrategien besprochen.

Die einzelnen Suchstrategien lassen sich wie folgt einteilen und definieren:

1. Surfen
2. Browsing
3. Benutzung einer oder mehrerer Search Engines
4. Weitergabe der Fragestellung an Kollegen in E-Mail-Listen[21]

„Surfen" bedeutet das unstrukturierte, planlose „Herumhüpfen" in den unendlichen Weiten des Internets, während man beim „Browsing" das aufbereitete Informationsangebot von themenspezifischen „Sammelstellen", sogenannten „Clearinghouses", nutzt, um auf weitere interessante Links zu stossen. Faszi-

---

16   S. Dudeck/Voss 2005, S. 221.
17   S. http://weblog.ib.hu-berlin.de/ (Stand 22. Oktober 2011)
18   S. http://log.netbib.de/ (Stand 22. Oktober 2011)
19   S. http://www.resourceshelf.com/ (Stand 22. Oktober 2011)
20   S. http://www.theshiftedlibrarian.com/ (Stand 22. Oktober 2011)
21   S. Rusch-Feja 1996, S. 329–360.

nierend beim Browsen ist das Unerwartete; beim Schmökern auf den verschiedenen Webseiten trifft man ganz nebenbei auf vielversprechende Adressen, ohne dass man explizit danach gesucht hat. Dies wird auch als „Serendipity" bezeichnet (die Definition im „ODLIS"[22] lautet: „In information retrieval, this usually depends on the ability of the browser to recognize the relevance or utility of data not actively sought at the time it is encountered."). Über den Vorgang des Suchens schreibt Raulff: „Zum wirklichen Finden gehört eben nicht nur das Suchen, sondern auch das gelegentliche Sich-Verirren, eine leichte Abweichung vom Weg, eine Abschweifung."[23]

Auf die Benutzung von Suchmaschinen möchte ich nicht eingehen, es ist die ineffizienteste Art, etwas aus dem Internet herauszuholen. Viel nachhaltiger ist das Benützen von Linklisten, Portalen usw. (nähere Ausführungen dazu siehe S. 23; zur Einführung des Begriffs „Portal" siehe S. 9 ff.). Zusätzlich ist eine Recherche in (kostenpflichtigen) Datenbanken oft unumgänglich. Sie erlaubt ein genaues Eingeben der Suchanfrage, um dann verschiedene Treffer zu erhalten, die mit der gestellten Frage übereinstimmen.

Der Gebrauch von E-Mail-Listen kann ein sehr nützliches Mittel sein für die Auskunft, je nach Komplexität der Fragestellung. Erwähnen möchte ich hier vor allem die „Stumpers",[24] eine Mailing-Liste, welche bereits 1992 ins Leben gerufen wurde. Für bibliothekarische Belange gilt sie als die weltweit grösste und umfangreichste Liste. Sie verfügt auch über ein Archiv, in welchem alle bearbeiteten Fragen und Antworten dokumentiert sind; im deutschsprachigen Bereich existiert „RABE - Recherche und Auskunft in bibliothekarischen Einrichtungen".[25]

Eine andere Einteilung der Suchanfragen macht Broder (2002). Auf Basis einer Nutzerbefragung unterscheidet er bei den Recherchen drei Arten: navigational (navigationsorientiert), informational (informationsorientiert) und transactional (transaktionsorientiert).[26]

Bei den navigationsorientierten Anfragen ist es das Ziel, eine bestimmte Webseite zu erreichen, wobei der Nutzer bereits von der Existenz dieser Seite weiss.

Von informationsorientierten Anfragen spricht man, wenn man damit das Auffinden thematisch passender Dokumente erwirken will; als weitere Aktion des Nutzers folgt hier einzig noch das Lesen der Dokumente.

Transaktionsorientierte Anfragen erlauben eine Transaktion nach dem Auffinden der entsprechenden Seite (z.B. Kauf eines Produktes oder Download einer Datei).

---

22 S. http://lu.com/odlis/ (Stand 22. Oktober 2011).

23 S. Raulff 1998, S. 51–58.

24 Die Mailingliste „Stumpers" existiert nicht mehr, es gibt jedoch ein Nachfolgeprojekt unter dem Namen „Project Wombat", das ebenfalls eine Mailingliste für Auskunftsfragen betreibt: http://www.project-wombat.org/ (Stand 22. Oktober 2011).

25 S. http://listen.hbz-nrw.de/mailman/listinfo/rabe (Stand 22. Oktober 2011).

26 S. Broder 2002, o. S.

Terminologie Suchmaschinen

Da die Abgrenzung Suchmaschine/Datenbank in der Literatur nicht immer eindeutig gemacht wird, erachte ich es als notwendig, hier zuerst die Terminologie in diesem Bereich zu klären.

Bereits 1998 liefert Mönnich (1998) eine Klassifikation der vielfältigen Suchdienste. Er gruppiert sie nach folgenden Kriterien: Universalsuchmaschinen (klassische Suchmaschinen, z.B. Alta Vista,[27] Verzeichnisdienste (z.B. Yahoo),[28] fachlich begrenzte Suchmaschinen (Clearinghouses, diese werten nur Quellen aus, die zu einem bestimmten Fachgebiet gehören, z.B. Ariadne[29]), Spezialsuchmaschinen (Auswertung von Quellen eines bestimmten Typs', z.B. Karlsruher Virtueller Katalog - KVK[30]), serverbasierte Metasuchmaschinen (z.B. Metager[31]), clientbasierte Metasuchmaschinen (z.B. WebFerret[32]) und sogenannte Hybridsysteme (Suchmaschine und Datenbank vereint).

Diese Darstellung erachte ich jedoch als problematisch und irreführend, besonders, weil darin auch Clearinghouses und Bibliothekskataloge (KVK) als Suchmaschinen bezeichnet werden.

Eine klare und allgemein bekannte Strukturierung der Suchmaschinenlandschaft nimmt Lewandowski (2005) vor. Er unterscheidet zwei Formen, einerseits die manuell erstellten Verzeichnisse (z.B. Yahoo), andererseits die algorithmischen Suchmaschinen in diversen Ausprägungen, welche sich nach thematischen Gesichtspunkten wie Universalsuchmaschinen, Spezialsuchmaschinen und Archivsuchmaschinen unterteilen lassen.

Universalsuchmaschinen decken, soweit möglich, das gesamte WWW ab; sie kennen weder thematische noch geographische oder sprachliche Grenzen. Spezialsuchmaschinen beschränken sich auf ein bestimmtes Themengebiet, auf eine geographische Region oder einen Sprachraum. Bei Archivsuchmaschinen werden gefundene Webseiten auf eigenen Rechnern gespeichert, um damit eine dauerhafte Verfügbarkeit zu erwirken. Exemplarisch kann hier das „Internet Archive"[33] aufgeführt werden. Mit dem „Internet Archive" liegt zwar eine wichtige Initiative vor, die Problematik der Langzeitarchivierung wird damit jedoch keineswegs gelöst. Es würde zu weit führen, im Rahmen der Ausführungen über „Suchen und Finden" genauer auf diesen Punkt einzugehen; zusätzliche Literatur sowie Projektbeschreibungen sind bei „nestor - Kompetenznetzwerk Langzeitarchivierung"[34] verfügbar.

---

27   S. http://www.altavista.com (Stand 22. Oktober 2011).
28   S. http://www.yahoo.com (Stand 22. Oktober 2011).
29   S. http://www.onb.ac.at/about/ariadne.htm (Stand 22. Oktober 2011).
30   S. http://www.ubka.uni-karlsruhe.de/kvk.html (Stand 22. Oktober 2011).
31   S. http://www.metager.de (Stand 22. Oktober 2011).
32   S. http://www.webferret.com (Stand 22. Oktober 2011).
33   S. http://www.archive.org (Stand 22. Oktober 2011).
34   S. http://www.langzeitarchivierung.de (Stand 22. Oktober 2011).

Diese zwei Sichtweisen verdeutlichen die Entwicklung in der ganzen Such-maschinendiskussion, können trotzdem nicht darüber hinwegtäuschen, dass eine fachgerechte Recherche nicht mit diesen Werkzeugen durchgeführt werden kann und darf.

Suchstrategien

Eine Recherche beginnt immer mit der Klärung der zu bearbeitenden Fragestel-lung. Bevor man damit beginnt, muss man wissen, was der Kunde wünscht. Man muss versuchen, in ihn „hineinzuhören", um seine Informationsbedürfnisse genau eruieren zu können, was auch als „Informationsempathie" umschrieben wird (sie-he dazu auch Abschnitt „Auskunftsinterview" S. 17 ff.).

Wie gelangt man am schnellsten zur verlangten Information? Wo findet man das Gesuchte am ehesten? Es ist äusserst sinnvoll, das ganze Spektrum der Medi-envielfalt zu berücksichtigen und einzusetzen (Print-Publikationen, CD-ROM, Internet usw., sogenanntes „Crossreferencing"); es führen denn auch meist mehre-re Schritte zum Ziel, der Suchvorgang kann mehrstufig sein. Nur die Synthese aller zur Verfügung stehender Medien gewährt uns ein umfassendes und erfolgrei-ches Resultat. Teil dieses Resultats ist ebenfalls die Beurteilung der Qualität der gefundenen Informationen und die Sensibilisierung des Kunden auf diese Aspekte. Es gilt, ihm den zusätzlichen Nutzen aufzuzeigen, der durch diese Vorgehenswei-se erzielt werden kann: „Alles, was nicht durch Google recherchierbar ist, was sich nicht im Internet findet, wird künftig einen exklusiven Informationswert be-kommen."[35]

Um die verschiedenen Fragen unserer Kunden gezielt und effizient beantwor-ten zu können, hat es sich in der täglichen Arbeit gezeigt, dass man mit den unten beschriebenen vier Suchstrategien immer ans Ziel gelangt.

1. Kenntnis der genauen Internet-Adresse URL (hier kann auch die Intuition nützlich sein)
2. thematischer Einstieg
3. Einstieg über Linksammlung einer (wissenschaftlichen) Organisation, In-stitution
4. Einstieg über Linksammlung einer Universität, eines Universitäts-Institutes

Die zweite Überlegung bezieht sich auf die physische Form der Publikationen, d.h. will der Kunde die Informationen in gedruckter oder in digitaler Form? Je nach Antwort muss man dazu ganz andere Informationsmittel konsultieren (siehe Diagramm S. 24).

Es ist unerlässlich, dass wir als Informationsspezialisten nicht nur einzelne Suchmethoden berücksichtigen, sondern unsere Kreativität walten lassen, um

---

35   S. Döllgast 2006, S. 389.

möglichst vielfältige und erfolgversprechende Wege, manchmal auch Umwege, zu erschliessen. Denn auch die raffiniertesten Suchwerkzeuge und Informations-Agenten können unsere reiche Ideenvielfalt und unsere Informationsempathie nicht ersetzen.

Wenn es uns gelingt, all die Herausforderungen im Bereich der Neuen Informations- und Kommunikationstechnologien zu hinterfragen und weiterzuentwickeln, erfüllen wir damit die essentielle Voraussetzung, als Mediatoren und Moderatoren unsere Kunden durch das Datenmeer der Zukunft zu führen.

CROSS-REFERENCE   **INFORMATIONSEMPATHIE**

Was gibt es im Internet?	Was suche ich?			
(Lexika, Bibliografien, usw.)	*print*		*digital*	
	selbständig	unselbständig	selbständig	unselbständig
- Genaue Internet-Adresse (URL) - Thematischer Einstieg - (Wissenschaftliche) Organisationen - Universitäten / Institutionen	- Medien- Verzeichnisse - Bibliotheks- Kataloge - Zeitschriften- Verzeichnisse	- Zeitschriften- Inhalts- Verzeichnisse - Artikel aus Lexika	- E-Books - E-Journals - E-Disserta- tionen	- Papers - Zeitschriften- Inhalts- Verzeichnisse

Qualitätskontrolle

Ein überaus wichtiger Aspekt, während und vor allem nach der Informationssuche, ist die Beurteilung der Qualität des Gefundenen, besonders wenn es sich um Internetinhalte handelt. Dabei sollten folgende vier Qualitätskriterien berücksichtigt werden:

1. Wie aktuell ist die Information?
2. Wer ist der Autor?
3. An wen wendet sich die Website?
4. Was ist die Motivation/Intention der Website?

Wenn man sich bei einer Recherche nicht einfach diverser Suchmaschinen bedient, sondern sich über bekannte Internet-Adressen „vorwärtsbewegt", die als relevant und geprüft gelten, trifft man gezielt auf Resultate, deren Qualität nicht mehr hinterfragt werden muss. Die Qualitätskontrolle geschieht so schon während des ganzen Suchprozesses, welcher, professionell durchgeführt, wiederum zu anderen Fragen führt und einen weiteren (Such-)Prozess bewirkt, um neues Wissen zu generieren: „Wenn aber Wissen als Teil eines sich im Kreis drehenden intellektuellen Universums wieder zum Ausgangspunkt zurückkehren könnte und auf der nächst höheren Ebene erneutes Wachstum anstossen würde, also quasi wieder zur Information würde, dann wäre die Chance, neues Wissen zu kreieren ungleich grösser."[36]

Literaturangaben

ALA Presidential Committee on Information Literacy. Report. Hrsg. American Library Association (ALA). Chicago: American Library Association 1989.

Albrecht, Rita: Qualitätssicherung in der digitalen Auskunft. In: Bibliotheksdienst, 40 (2006), Nr. 5, S. 606 – 618.

Auskunft und Information - Beraten will gelernt sein ... 1. VdDB-Sommerkurs im Europäischen Übersetzerkollegium in Straelen vom 18.8. bis 23.8. 1997. Hrsg. VdDB, Verein der Diplom-Bibliothekare an Wissenschaftlichen Bibliotheken e.V. Regensburg: VdDB 1998.

Broder, Andrei: A taxonomy of web search. O. O. 2002, o. S. URL: http://www.acm.org/ sigir/forum/F2002/broder.pdf (Stand 22. Oktober 2011).

Dannenberg, Detlev / *Motylewski*, Michael / *Müller*, Cord: Der schlaue Det. Ein Library-skills-online-tutorial. In: BUB - Buch und Bibliothek. 51 (1999), Nr. 1, S. 44–48.

De Rosa, Cathy / Cantrell, Joanne / Cellentani, Diane / Hawk, Janet / Jenkins, Lillie / Wilson, Alane: Perceptions of Libraries and Information Resources. A Report to the OCLC Membership. Dublin, Ohio: OCLC Online Computer Library Center 2005. URL: http://www.oclc.org/reports/pdfs/Percept_all.pdf (Stand 22. Oktober 2011). Mittlerweile ist auch der Folgebericht dazu erschienen:

De Rosa, Cathy / Cantrell, Joanne / Carlson, Matthew / Gallagher, Peggy / Hawk, Janet / Sturtz, Charlotte: Perceptions of Libraries, 2010. Context and Community. A Report to the OCLC Membership. [Ed.]: Brad Gauder. Dublin, Ohio: OCLC Online Computer Library Center 2011. URL: http://www.oclc.org/reports/2010perceptions/2010 perceptions_all.pdf (Stand 22. Oktober 2011).

Döllgast, Brigitte: Spielend recherchieren im "Lernort Bibliothek". Vermittlung von deutschlandkundlicher Informationskompetenz am Goethe-Institut Athen. In: BuB. Forum Bibliothek und Information, 58 (2006), Nr. 5, S. 387 - 389.

Dudeck, Jochen / *Voss*, Jakob: Kooperation als wichtigster Bestandteil des Konzepts. Weblogs, Wikis und Co. Social Software in Bibliotheken. In: BuB. Forum Bibliothek und Information, 57 (2005), Nr. 3, S. 221 - 225.

Georgy, Ursula / *Nothen*, Kathrin: Das Vertrauen der Kunden auf Dauer gewinnen. Der Auskunftsdienst als Marketinginstrument für Bibliotheken. In: BuB. Forum Bibliothek und Information, 58 (2006), Nr. 3, S. 238 – 244.

Hapke, Thomas / *Marahrens*, Oliver: Spielen(d) lernen mit DISCUS. Förderung von Informationskompetenz mit einem E-Learning-Projekt der Universitätsbibliothek der TU

---

36 S. Owusu-Ansah 2005, S. 27.

Hamburg-Harburg. In: Information Professional 2011. Strategien – Allianzen - Netzwerke. 26. Online-Tagung der DGI, Frankfurt am Main, 15. bis 17. Juni 2004. Proceedings. Hrsg. Marlies Ockenfeld. Frankfurt am Main: Deutsche Gesellschaft für Informationswissenschaft und Informationspraxis 2004, S. 203 – 217.

Lewandowski, Dirk: Web Information Retrieval. Technologien zur Informationssuche im Internet. Frankfurt am Main: Deutsche Gesellschaft für Informationswissenschaft und Informationspraxis 2005.

Lux, Claudia / *Sühl-Strohmenger*, Wilfried: Teaching Library in Deutschland. Vermittlung von Informations- und Medienkompetenz als Kernaufgabe für Öffentliche und Wissenschaftliche Bibliotheken. Wiesbaden: Dinges & Frick 2004.

Mönnich, Michael W.: Suchmaschinen und Metasuchmaschinen. Pfadfinder im Internet. In: BIT online 1998, Nr. 1/2, S. 9 – 20.

Owusu-Ansah, Edward K.: Umgang mit Information und Wissen. Bibliothek, Hochschule und studentisches Lernen. In: ABI-Technik, 25 (2005), Nr. 1, S. 24 – 31.

Pedley, Paul: The Invisible Web. Searching the hidden parts of the internet. London: Aslib, The Association for Information Management 2001.

Rauchmann, Sabine: Die Vermittlung von Informationskompetenz in Online-Tutorials. Eine vergleichende Bewertung der US-amerikanischen und deutschen Konzepte. In: BIT-online - Innovativ. Hrsg. Rolf Fuhlrott / Ute Krauss-Leichert / Christoph-Hubert Schütte. Wiesbaden: Dinges & Frick 2003, S. 190 – 285.

Raulff, Ulrich: Öffentliche Bibliotheken im neuen Europa. Vortrag in Budapest am 25. September 1997. In: Zeitschrift für Bibliothekswesen und Bibliographie, 45 (1998), Nr. 1, S. 51 – 58.

Rusch-Feja, Diann: Informationsvermittlung, Informationsretrieval und Informationsqualität im Internet. In: Zeitschrift für Bibliothekswesen und Bibliographie, 43 (1996), Nr. 4, S. 329 –360.

Sherman, Chris / *Price*, Gary: The invisible Web. Uncovering Information Sources Search Engines can't see. Medford, NJ: Information Today 2001.

Stölzel, Anke: Was Google nicht sieht. Das „Invisible Web". Potsdam : Institut für Information und Dokumentation an der Fachhochschule Potsdam 2004.

Zimmer, Dieter E.: Die Bibliothek der Zukunft. Text und Schrift in den Zeiten des Internet. Hamburg: Hoffmann und Campe 2000.

Transmediale Kompetenz, digitale Kompetenz, soziale Netzwerkkompetenz – Informationskompetenz?

Das Leben des modernen Menschen wird geprägt durch stete Mobilität, Geschwindigkeit, Unmittelbarkeit, die Grenze zwischen Arbeit und Freizeit wird fliessend. Informationen dringen in unseren privaten wie beruflichen Alltag, durchdringen unsere Tätigkeiten. Dieser gesellschaftliche Wandel bewirkt, dass sich das Individuum zunehmend überfordert fühlt, die Informationsmassen sinnvoll zu bündeln und einzusetzen. Die Informationsüberflutung ist zum allgegenwärtigen Begleiter unseres Lebens geworden.

Dieses Phänomen ist nicht ganz neu. Die Geschichte zeigt, dass der Mensch in jedem Zeitalter Mühe bekundete, mit der grossen Menge neuer Informationen umzugehen, wie dies Blair (2010) an der Aussage eines profilierten Historikers im 14. Jahrhundert eindrücklich verdeutlicht: „.... the ´great number of scholarly books´ available in every field that could not be read even in a life time. He noted that one of the consequences of this condition of overload was an increased reliance on textbooks, which was detrimental to scholarship and to the acquisition of good study habits by students."[1]

Doch das Verhalten der Menschen, permanent mit neuen Informationsflüssen konfrontiert zu werden und diese zu verarbeiten, scheint sich vor 200 Jahren in gänzlich anderen Dimensionen abgespielt zu haben, langsamer, überlegter, vielleicht bewusster. Dank der Verbreitung von Inhalten jeglicher Art über elektronische Netzwerke kann heute vieles einfacher und unmittelbarer erfasst und aufgenommen werden, um allenfalls erneut weitergegeben zu werden. Es sind zu gewissen Teilen gerade diese zunehmende Schnelligkeit in der Informationsübermittlung und die immer ausgereifteren Kommunikationstechnologien (soziale Netzwerke), die zu Überforderung im täglichen Umgang mit Informationen führen können, zu einer steten Angst auch, etwas Wichtiges zu verpassen.

Die Verhaltensweisen, die der Mensch entwickelt, um damit umzugehen, scheinen sich davon zu unterscheiden, ob man sich in der gedruckten oder digitalen Welt bewegt: „Most of my library time, though, went to wandering the long, narrow corridors of the stacks. Despite being surrounded by tens of thousands of books, I don't remember feeling the anxiety that's symptomatic of what we today call "information overload." There was something calming in the reticence of all those books, their willingness to wait years, decades even, for the right reader to

---

1   S. Blair 2010, S. 27.

come along and pull them from their appointed slots. Take your time the books whispered to me in their dusty voices. We're not going anywhere."[2]

Die unüberschaubare Masse an Informationen erschwert es dem Empfänger immer mehr, diese Datenflut zu filtern und Relevantes von Unnützlichem zu trennen, was nicht zuletzt zu einem veränderten Lese- und Rezeptionsverhalten von Texten führt. Solche Auswirkungen werden insbesondere an Bildungsinstitutionen festgestellt und thematisiert: „Horst Wenzel beobachtet, dass seine Studenten in den vergangenen Jahren völlig neue Lese- und Arbeitsmethoden entwickelt haben. Er staunt über die Effizienz, mit der sie grosse Text- und Datenmassen, ob gedruckt oder digital, in kürzester Zeit durchfiltern."[3] Die junge Generation scheint also einen Weg gefunden zu haben, wie man brauchbare Strategien entwickelt, um Textmassen jeder Art schnell „abzuarbeiten". Diese Fakten werden auch von einer von OCLC durchgeführten Untersuchung zu virtueller Auskunft bestätigt.[4] Zudem findet dieselbe Studie auch heraus, dass sich die Netzgeneration eher mit einem Rechercheresultat und dessen Qualität zufrieden gibt als dies bei ihren Vorgängern der Fall ist (es ist folglich wichtiger, auf die Schnelle etwas halbwegs Gutes gefunden zu haben, als lange nach etwas Hochwertigem zu suchen).[5]

Informationskompetenz x.0 und der Suchraum x.0[6]

„The future of the library is that there is no library; the functions that the library performs have been blown up and are scattered throughout the universe."[7] Visionäre Szenarien wie sie von Healy (2007) beschrieben werden, lassen futuristische Gedankenspiele zu, um sich mit Rolle und Aufgaben von Bibliotheken auseinanderzusetzen. Was bedeuten diese Entwicklungen für die Zukunft dieser Institutionen weltweit, welche Konsequenzen und Folgen kann dies auf ihr Wirken haben? Wie müssen sie sich positionieren, damit sie den veränderten Verhaltensweisen einer Generation gerecht werden, für die der Umgang mit neuen Technologien zur Selbstverständlichkeit geworden ist?

Schultz (2006) entwickelt die Idee eines vierschichtigen Konzepts und zeichnet ein Bibliotheksszenario in Analogie zu Web 1.0, 2.0 usw., das sich stufenweise herausbildet, neu formt, jede Stufe, jedes Niveau um zusätzliche Funktionen erweiternd. Während bei der „Bibliothek 1.0" das Buch als „Ware" (commodity) im Mittelpunkt des Wirkens steht, befasst sich die „Bibliothek 2.0" mit der Frage, wie denn diese „Ware Buch" in einer dematerialisierten Welt als interessantes

---

2   S. Carr 2010, S. 12.
3   S. Romberg 2009, S. 106.
4   S. Connaway/Radford 2011, S. 30.
5   S. ibid., S. 30.
6   Eine Versionsangabe im Kontext von Webdiensten (x.0), analog zu Softwareversionen, zu machen, ist in Bibliothekskreisen teilweise umstritten und wird heftig diskutiert, hat sich nun in der Fachsprache jedoch mehrheitlich durchgesetzt.
7   S. Healy 2007, S. 173.

Produkt angeboten werden könne (als Antwort werden typische Web 2.0-Funktionalitäten genannt). Virtuelle Welten (Web 3D, Second Life) bestimmen die Gestaltung der Bibliothek 3.0, welche abermals eine Stufe höher mit der Konzeption der „neo-library" als neuartiger Erfahrung ihre Vollendung findet: „But Library 4.0 will add a new mode, knowledge spa: meditation, relaxation, immersion in a luxury of ideas and thought."[8]

Diese zukunftsorientierten Vorstellungen führen zur Frage, welchen Stellenwert Medien- und Informationskompetenz in einem so skizzierten Umfeld einnehmen werden. Genügt es, diese Kompetenzen lediglich mit einer „2.0" zu versehen (zumindest bildlich gesprochen) und inhaltlich auf die Stufe 2.0 zu heben? Ist ein Ausbau/Aufbau auf „2.0" überhaupt sinnvoll, was könnte dies bedeuten?

Die Vermittlung von Informationskompetenz darf nicht isoliert betrachtet werden und sollte in einen Gesamtkontext gestellt werden. Es handelt sich dabei um unterschiedliche Ausprägungen einer Grundkompetenz, die von Lankes (2011) unter einem durchaus interessanten Aspekt gesehen wird: „I read. Do I love to read? No. It just turns out it is the most efficient way to get to what I like: good stories, good thinking, and so on. I read because it gives me power!"[9] Weiter meint er dazu: „However, if we look at literacy as empowerment, literally to gain power, then we have a different take on literacy altogether."[10] Dieses „empowerment", die Begeisterungsfähigkeit, zieht sich durch alle Ebenen und lässt den Blick auf eine übergeordnete Sichtweise zu, Literalität als Zusammenspiel von Lesen und Schreiben, einer Hin- und Herbewegung zwischen verschiedenen Plattformen: „Transliteracy is the ability to read, write and interact across a range of platforms, tools and media."[11]

Diese Begrifflichkeiten implizieren einen zusätzlichen Aspekt und legen den Fokus auf Interaktion, auf Wechsel zwischen mehreren Einheiten; das Element der Ver-Netzung als soziale Komponente rückt in den Mittelpunkt. Damit werden Fragen zu fachgerechtem Umgang mit solchen Anwendungen und zur Benutzung aufgeworfen; „soziale Informationskompetenz" als weitere wichtige Dimension darf hier nicht ausser Acht gelassen werden.

Dazu gehören laut Rheingold (2010) folgende fünf Eigenschaften: „The part that makes social media social is that technical skills need to be exercised in concert with others: encoding, decoding, and community. I focus on five social media literacies: Attention, Participation, Collaboration, Network awareness, Critical consumption."[12] Gerade beim mehr oder weniger kritischen Konsum sozialer Netzwerke zeigt sich die Schwierigkeit, vielleicht auch die Unsicherheit, im Umgang mit diesen Tools. Die unabdingbare Verlinkung zu den vielen „Freunden", die sich in diesen Netzwerken versammeln, kann in der Euphorie des Mitmachens zu einem unvoreingenommenen Vertrauen führen. Der Gedanke des Teilnehmens

---

8   S. Schultz 2006, o. S.
9   S. Lankes 2011, S. 74.
10   S. ibid., S. 74.
11   S. Newman 2010, o. S.
12   S. Rheingold 2010, o. S.

und des Teilhabens am Leben des „Freundes", die Kollaboration ganz generell, führt in vielen Bereichen zu verändertem Verhalten, wie dies Brown/Adler (2008) treffend formulieren: „By contrast, instead of starting from the Cartesian premise of "I think, therefore I am," and from the assumption that knowledge is something that is transferred to the student via various pedagogical strategies, the social view of learning says, "We participate, therefore we are."[13]

Der Partizipationsgedanke öffnet eine andersartige Sichtweise auf den gesamten Suchraum des Internets und führt zu einem neuen Sucherlebnis. Die sogenannte soziale Suche ermöglicht es dem Anwender, seine Fragestellung nicht an eine Datenbank abzugeben, sondern den Menschen als fachkundigen Experten einzubeziehen. Eine Definition für diesen Begriff zu liefern, scheint jedoch schwierig. Für Sherman (2006) handelt es sich dabei um Tools, welche das menschliche Urteilsvermögen in die Recherche einbeziehen: „What is social search? There isn't even a good definition, because just about everyone who's doing some form of social search is trying a different approach. Simply put, social search tools are internet wayfinding services informed by human judgement."[14] Als Beispiele können die Angebote von „Gutefrage.net"[15], „Wer weiss was"[16], „COSMiQ"[17] genannt werden.

Hier öffnet sich ein zusätzliches Feld in der Schulung, die Vermittlung „sozialer Informationskompetenz". Themen zu Recherche, zu Vertrauenswürdigkeit des sozialen Netzwerks und der erhaltenen Informationen können hier z.B. behandelt werden.

Wo reiht sich hier die Diskussion um Informationskompetenz 2.0 ein? Eine Definition dazu wagt Hapke (2007) und fordert gleichzeitig einen Perspektivenwechsel in dieser Thematik. Er benennt fünf Kernpunkte einer „Informationskompetenz 2.0":

1. ein ganzheitliches Verständnis von Informations- und Lernprozessen
2. Informationskompetenz 2.0 als eine von vielen Schlüsselkompetenzen
3. Informationskompetenz 2.0 als „Lernerfahrung"
4. Lernen über Information und Wissen
5. Einsatz von Web 2.0-Tools bei den Schulungen[18]

Der ganzheitliche Ansatz, der hier propagiert wird, lässt eine vielschichtige Betrachtungsweise zu. Das Ziel sollte sein, bei den Endanwendern das Bewusstsein dafür zu fördern, wie der gezielte Einsatz und die Benützung der unterschiedlichen Medien und Instrumente interagieren und für eine effiziente Informationsbeschaffung eingesetzt werden können.

---

13 S. Brown/Adler 2008, o. S.
14 S. Sherman 2006, o. S.
15 S. gutefrage.net: die Ratgeber-Community: http://www.gutefrage.net/ (Stand 22. Oktober 2011).
16 S. wer-weiss-was: http://www.wer-weiss-was.de (Stand 22.Oktober 2011).
17 S. COSMiQ: http://www.cosmiq.de/ (Stand 22. Oktober 2011).
18 S. Hapke 2007, S. 139.

Um als Institution dem schnelllebigen Umfeld einer technikaffinen Gesellschaft sinnvoll begegnen zu können, bedarf es neuer Impulse, unkonventioneller Gedanken, den Mut, ab und an auch mal einen Gegenpart zu setzen. Es tut not, eine sinnvolle Kombination aus Technologie und Inhalten zu entwickeln und die Bibliothek als Idee, als kulturelles Momentum, (neu) zu inszenieren.

Literaturangaben

Blair, Ann: Too much to know. managing scholarly information before the modern age. New Haven: Yale University Press 2010.

Brown, John Seely / Adler, Richard P.: Minds on Fire. Open Education, the Long Tail, and Learning 2.0. In: Educause Review, vol. 43 (2008), Nr. 1, S. 16–32. URL: http://www.educause.edu/EDUCAUSE+Review/EDUCAUSEReviewMagazineVolum e43/MindsonFireOpenEducationtheLon/162420 (Stand 22. Oktober 2011).

Carr, Nicholas: The shallows. what the Internet is doing to our brains. New York: W.W. Norton 2010.

Connaway, Lynn Silipigni / Radford, Marie L.: Seeking Synchronicity: Revelations and Recommendations for Virtual Reference. Dublin, Ohio: OCLC Online Computer Library Center, Inc. 2011.

Hapke, Thomas: Informationskompetenz 2.0 und das Verschwinden des "Nutzers". In: Bibliothek : Forschung und Praxis, Vol. 31 (2007), Nr. 2, S. 137–149.

Healy, Leigh Watson: Zitat von Leigh Watson Healy (Outsell Inc.). In: Information tomorrow. reflections on technology and the future of public and academic libraries / ed. by Rachel Singer Gordon. Medford, N.J.: Information Today 2007, S. 173.

Lankes, R. David: The atlas of new librarianship. Cambridge [u.a.]: MIT Press 2011.

Newman, Bobbi: Libraries in a Transliterate, Technology Fluent World. Posted in Internet Librarian, 10.20.2010, o. S. URL: http://librarianbyday.net/2010/10/20/libraries-in-a-transliterate-technology-fluent-world-intlib10/ (Stand 22. Oktober 2011).

Rheingold, Howard: Attention, and Other 21st-Century Social Media Literacies. In: Educause Review, vol. 45 (2010), Nr. 5, S. 14–24. URL: http://www.educause.edu/ EDUCAUSE+Review/EDUCAUSEReviewMagazineVolume45/AttentionandOther21s tCenturySo/213922 (Stand 22. Oktober 2011).

Romberg, Johanna: Die Revolution des Lesens. In: Geo: Das Reportage-Magazin. Hamburg : Gruner und Jahr 2009, S. 92 – 113.

Schultz, Wendy: Web 2.0. Where will it take libraries? In: Nextspace: The OCLC Newsletter, 2006, Nr.2, o. S. URL: http://www.oclc.org/nextspace/002/6.htm (Stand 22. Oktober 2011).

Sherman, Chris: What's the Big Deal With Social Search?. In: Search Engine Watch, August 14, 2006, o. S. URL: http://searchenginewatch.com/article/2068090/Whats-the-Big-Deal-With-Social-Search (Stand 22. Oktober 2011).

Benutzerhinweise zum Verzeichnis der Websites

Auswahl und Gliederung

Bei der Auswahl der einzelnen Internetadressen war es mir wichtig, verlässliche Quellen anzugeben, die für die Fachwelt und die Wissenschaft relevante Informationen enthalten. So sind viele Initiativen aufgeführt, die z.B. mit Fördergeldern finanziert werden und deshalb auch einen hohen Anspruch einzulösen haben. Ein weiterer Punkt ist die Aktualität der Websites; regelmässiges Hinzufügen neuer Inhalte ist unerlässlich, zudem sollte der Urheber klar und deutlich angegeben werden.

Die Gliederung der Inhalte erfolgt nach den Sachgebieten der Dewey-Dezimalklassifikation (DK). Dieses Prinzip kann nicht immer ganz eingehalten werden; so befindet sich z.B. die Geowissenschaft bei DK 5.0, die Geographie bei DK 9.0, was dann in derselben Virtuellen Fachbibliothek nachgewiesen wird. Das bedeutet, dass zwar die Geographie, nicht aber die Geowissenschaft im Inhaltsverzeichnis als einzelnes Sachgebiet aufgeführt wird; die Geowissenschaft erhält nur einen Eintrag im Stichwortregister.

Die Gliederung nach formalen Aspekten ist in die Rubriken „Subject Gateways", „Lexika, Enzyklopädien, Wörterbücher" sowie „Bibliographien, Datenbanken" unterteilt. Es werden immer deutschsprachige und englische Angebote verzeichnet.

Was die Terminologie anbetrifft, habe ich mich auf den Ausdruck „Subject Gateways" beschränkt, obwohl gerade in diesem Bereich oft Unklarheit besteht über Definition bzw. Abgrenzung zu anderen Begriffen wie „Portal", „Clearinghouse". Zu Entwicklung und Gebrauch dieser Begriffe siehe die „Gedanken zum Suchen und Finden", Seite 7 ff.

Beschreibung der Internetadressen

Websites sind einer steten Veränderung unterworfen, sowohl was Inhalte als auch Layout anbetrifft. Genau dies gehört zu den spannendsten Elementen des Internets und macht dessen Reiz aus; Veränderung, Dynamik, gesehen als Kraft, Leistungsfähigkeit, um wieder Neues zu generieren.

Unter Berücksichtigung dieser Tatsache erfasst die Beschreibung die Hauptausrichtung der einzelnen Websites und ist immer nach folgenden Kriterien aufgebaut: Sachgebiet(e), Datenbanken, Bibliographien, verschiedene Suchoptionen,

Berichtszeitraum der Datenbanken und Bibliographien (dies nur, falls vom Urheber angegeben).

Die Angabe der Sprache richtet sich nach dem Grundangebot. Die Namen der Websites werden so übernommen, wie sie in den einzelnen Angeboten erscheinen (Gross-, Kleinschreibung, Form, z.B. esp@cenet, Eintrag 150).

Weiterführende Links

Die weiterführenden Links bezwecken, zusätzliche Angebote aufzulisten, die im näheren Kontext des beschriebenen Eintrags gesehen werden können, bei denen jedoch eine ausführliche inhaltliche Besprechung zu weit geführt hätte. Diese Links erhalten die Nummer des Haupteintrags und eine durchgehende Buchstaben-Nummerierung (Bsp.: Pinakes, Eintrag 2, FreePint Eintrag 2a, Infomine Eintrag 2b usw.).

Register

Die Inhalte erschliessen sich dem Leser dieser Publikation über die verschiedenen Sachgebiete sowie über zwei Register, dem Website-Register und dem Stichwortregister.

Das Website-Register verzeichnet alle beschriebenen Websites und alle weiterführenden Links. Bei gewissen Angeboten gibt es Datenbanken, welche über die jeweilige URL der entsprechenden Website aufgerufen werden können; diese Datenbanken erscheinen so in der Beschreibung, nicht aber als eigene Adresse. Solche Inhalte werden im Register in kursiver Schrift, mit der entsprechenden Nummer des Haupteintrags, aufgeführt (Bsp.: *Lexikon der Anatomie & Physiologie, Eintrag 156* bedeutet: das Lexikon der Anatomie & Physiologie kann über die URL des Eintrags 156 abgefragt werden).

Im Stichwortregister sind ebenfalls die wichtigsten Stichwörter aus den Einführungskapiteln verzeichnet; diese Stichwörter werden mit der entsprechenden Seitenzahl angegeben (z.B. S. 16).

Verzeichnis der Websites

Allgemeines

Subject Gateways

Eintrag	**1**
Titel	**Deutsche Internetbibliothek (DIB)**
URL	http://www.internetbibliothek.de
	http://www.deutscheinternetbibliothek.de

Beschreibung

Die „Deutsche Internetbibliothek" (DIB) entstand als Gemeinschaftsprojekt der Bertelsmannstiftung und des Deutschen Bibliotheksverbands e.V. Sie besteht aus einem Linkkatalog, der von zurzeit mehr als 50 öffentlichen und wissenschaftlichen Bibliotheken in kooperativer Arbeit zusammengestellt wird. Die DIB ist in 20 Rubriken unterteilt (Andere Länder & Reisen; Computer & Internet; Eltern & Familie; Freizeit & Hobby; Geschichte u.a.); zu jedem Link gibt es eine kurze Inhaltsbeschreibung und eine Bewertung anhand der Kriterien „Gesamt", „Inhalt", „Navigation" und „Grafik". Die Rubrik „Neue Links" listet die zehn neusten Seiten im Katalog auf. Als Zusatzdienst wird eine kostenlose E-Mail-Auskunft angeboten, welche die Beantwortung (fast) aller Fragen innert eines Werktages gewährleistet (medizinische und juristische Fachfragen werden nicht bearbeitet).

Urheber	Deutscher Bibliotheksverband e.V. sowie ausgewählte öffentliche und wissenschaftliche Bibliotheken
Sprache	deutsch
Kosten	kostenlos
Weiterführende Links	a) Internetdatenbanken:
	http://www.internet-datenbanken.de

Eintrag	**2**
Titel	**Pinakes : a subject launchpad**
URL	http://www.hw.ac.uk/ libWWW/irn/pinakes/pinakes.html

Beschreibung

In Anlehnung an Kallimachos und seine Pinakothek will die Website dieselbe Philosophie verfolgen und in kleinerem Rahmen eine „Pinakothek" für Internetressourcen aufbauen. Man findet hier eine Zusammenstellung von mehr als 40 Subject Gateways und sogenannten Multi-Subject Gateways, die den Zugang zu allen Gebieten des Wissens eröffnen. Neue für die Wissenschaftscommunity relevante Links werden im „Internet Resources Newsletter" besprochen.

Urheber	Heriot-Watt University
Sprache	englisch
Kosten	kostenlos
Weiterführende Links	a) FreePint http://www.freepint.com b) Infomine: Scholarly Internet Resource Collections http://infomine.ucr.edu c) Internet Public Library: http://www.ipl2.org/ d) Libraryspot: http://www.libraryspot.com

Eintrag   **3**
Titel   **Virtuelle Fachbibliotheken (ViFa)**
URL   http://www.gbv.de/bibliotheken/vifa-olc-ssg/

Beschreibung

Mit „Virtuelle Fachbibliotheken (ViFa) und Online Contents Sondersammelge-bietsausschnitte (OLC-SSG)" bietet der Gemeinsame Bibliotheksverbund (GBV) eine Liste aller zurzeit existierender Virtueller Fachbibliotheken, aufgeteilt nach den einzelnen Fachgebieten: Geistes- und Kulturwissenschaften, Pädagogik, Theologie und Religionswissenschaften, Sprachwissenschaften und Volkskunde, Rechts-, Wirtschafts- und Sozialwissenschaften, Naturwissenschaften und Medizin, Ingenieurwissenschaften und Mathematik. Die Suche erfolgt mittels Browsing.

Urheber   Gemeinsamer Bibliotheksverbund (GBV)
Sprache   deutsch
Kosten   kostenlos
Weiterführende   a) Webis - Sammelschwerpunkte an deutschen Bibliotheken
Links   http://webis.sub.uni-hamburg.de /webis/index.php/Hauptseite

Lexika, Enzyklopädien, Wörterbücher

Eintrag   **4**
Titel   **Abkürzungen**
URL   http://www.abkuerzungen.de

Beschreibung

Datenbank zur Suche von Abkürzungen aller Art, „Maschine für Abkürzungen", wie diese vom Websitebetreiber selbst bezeichnet wird. Enthält eine Rubrik „Emoticons" sowie „Links" mit weiteren nützlichen Internetressourcen zu Abkürzungsverzeichnissen. Eine englische Fassung steht ebenfalls zur Verfügung.

Urheber   Hans W. Witte, Hannover
Sprache   deutsch und englisch
Kosten   kostenlos
Weiterführende   a) YAAS – Yet Another Acronym Server
Links   http://www.yaas.de

Eintrag	**5**
Titel	**Bartleby.com**
URL	http://bartleby.com/

Beschreibung

Unter dem Titel „Bartleby" findet man eine Zusammenstellung englischer Nachschlagewerke, unterteilt in vier Rubriken: Reference, Verse, Fiction, Nonfiction. Mittels Datenbank kann eine Suche über alle Werke gestartet werden, es können aber auch einzelne Bücher ausgewählt werden.

Urheber	Bartleby.com
Sprache	englisch
Kosten	kostenlos
Weiterführende	a) Infoplease:
Links	http://www.infoplease.com

Eintrag	**6**
Titel	**Brockhaus-Infothek**
URL	http://www.brockhaus.de/brockhaus_infothek/

Beschreibung

In der Brockhaus-Infothek bietet die Brockhaus-Redaktion eine umfangreiche Artikeldatenbank zu allen Bereichen des Lebens. Die Suche erfolgt nach drei Kriterien: Profisuche, Rubriksuche sowie Rubriken-Index.

Urheber	F.A. Brockhaus/wissenmedia
Sprache	deutsch
Kosten	kostenpflichtig
Weiterführende	a) Enzyklo: Online Enzyklopädie
Links	http://www.enzyklo.de/
	b) Wissen.de:
	http://www.wissen.de
	c) Wissendigital:
	http://www.wissen-digital.de

Eintrag	**7**
Titel	**Credoreference**
URL	http://www.credoreference.com

Beschreibung

Das Angebot von „Credoreference" besteht aus englischsprachigen Nachschlage-werken von international renommierten Verlagen wie Blackwell Publishing Ltd, Cambridge University Press u.a.

Urheber	Credo Reference, Boston
Sprache	englisch
Kosten	kostenpflichtig
Weiterführende	a) Oxford Reference Online:
Links	http://www.oxfordreference.com

Eintrag	**8**
Titel	**Encyclopaedia Britannica online**
URL	http://www.britannica.com

Beschreibung

Die „Encyclopaedia Britannica" als ältestes englisches Nachschlagewerk (1. Pub-likation: 1768) und als weltweit erste Enzyklopädie, die bereits 1994 im Volltext über Internet zugänglich war, bietet in ihrer Online-Version ein breites Angebots-spektrum: zusätzlich zu der „Encyclopaedia Britannica online" gibt es die Rubri-ken „World Atlas", „Compare Countries", „This Day in History", „Timelines", „Dictionary Search" (Merriam-Webster's Online Dictionary). Die Suche ist mittels Datenbank oder mittels Einstieg über Index bzw. Browsing (A-Z und sachbezo-gen) möglich.

Urheber	Encyclopædia Britannica, Inc.
Sprache	englisch
Kosten	kostenpflichtig

Eintrag	**9**
Titel	**Larousse**
URL	http://www.larousse.fr/encyclopedie

Beschreibung

Die Onlineenzyklopädie „Larousse" enthält ein umfangreiches Informationsange-bot, ansprechend aufbereitet und mit multimedialen Inhalten angereichert; die Rubrik „Nos sélections" weist auf besonders interessante Beiträge hin. Eine einfache und erweiterte Suche ermöglicht die Abfrage in der Datenbank. Zusätzlich kann auf 21 Larousse Wörterbücher online zugegriffen werden.

Urheber	Larousse
Sprache	französisch
Kosten	kostenlos
Weiterführende	a) Encyclonet:
Links	http://www.enciclonet.com/
	b) Sapere:
	http://www.sapere.it

Eintrag	**10**
Titel	**Lexicool: Dictionaries, translation and language resources**
URL	http://www.lexicool.com/

Beschreibung

„Lexicool" ist ein Verzeichnis von mehr als 7500 zwei- und mehrsprachigen Wörterbüchern im Internet. Die Suche wird über eine Datenbank abgewickelt; es stehen drei Suchoptionen zur Auswahl: Sprache, Schlagwort, Titel.

Urheber	Internationales Linguistenteam, unter Leitung von Sebastian Abbo
Sprache	mehrsprachig
Kosten	kostenlos
Weiterführende	a) OneLook:
Links	http://www.onelook.com/
	b) Pons – Fachglossar: Französisch - Deutsch/Deutsch - Französisch
	http://www.pons.de/home/specials/fachglossare/
	c) Pons – Das Sprachenportal:
	http://www.pons.eu

Eintrag	**11**
Titel	**Wikipedia : die freie Enzyklopädie**
URL	http://www.wikipedia.org/

Beschreibung

Die „Wikipedia" ist ein frei zugängliches Nachschlagewerk, bei dem jedermann mitarbeiten und (Fach-)Artikel zu den verschiedensten Themen einbringen kann. Die deutsche Wikipedia ist ein Teil des internationalen Wikipedia-Projekts, in welchem zurzeit Lexikas in 270 verschiedenen Sprachen zur Verfügung stehen;

das deutsche Angebot ist neben dem englischen inhaltlich das zweitgrösste. Die Suche erfolgt über die Rubriken „Themenportale", „Von A bis Z" und „Artikel nach Kategorien" sowie über eine Datenbankeingabe. Es existieren mehrere Schwesterprojekte: Meta-Wiki (Projektkoordination), Wikimedia Commons (Sammlung von Multimedia-Dateien), Wiktionary (Wörterbuch), Wikibooks (Lehrbücher), Wikisource (Quellensammlung), Wikiquote (Zitate), Wikinews (Nachrichten), Wikispecies (Artenverzeichnis). Zur Überprüfung von Qualität und Verlässlichkeit von Wikipedia-Inhalten existieren verschiedene Tools: Wiki-Watch (Eintrag 11a), Wikibu (Eintrag 11b) sowie Wikitrust (Eintrag 11c).

Urheber	Wikimedia Foundation Inc.
Sprache	mehrere Sprachen
Kosten	kostenlos
Weiterführende	a) Wiki-Watch
Links	http://www.wiki-watch.de/
	b) Wikibu
	http://www.wikibu.ch/
	c) Wikitrust:
	http://www.wikitrust.net

Eintrag	**12**
Titel	**Zedlers Grosses vollständiges Universallexicon aller Wissenschafften und Künste**
URL	http://www.zedler-lexikon.de

Beschreibung

Das „Universallexicon" von Johann Heinrich Zedler ist das grösste Lexikon des 18. Jahrhunderts. Erschienen zwischen 1732 und 1754, sind 33 verschiedene Disziplinen und Wissensarten repräsentiert. Die Online-Version des Lexikons beruht auf der Digitalisierung der einzelnen Bände, was der Bayerischen Staatsbibliothek München dank einem von der Deutschen Forschungsgesellschaft finanzierten Projekt ermöglicht wurde. Die Suche geschieht über ein Blättern und über eine Stichworteingabe.

Johann Heinrich Zedlers Grosses vollständiges
Universallexicon aller Wissenschafften und Künste

BSB Bayerische
StaatsBibliothek
Digitale Bibliothek

Startseite

Blättern im Zedler

Suchen im Zedler
▸ Allgemeine Suche
▸ Kategorien-Suche
▸ Verweise suchen

Zedleriana

Impressum

Zufällig ausgewählter Eintrag

Coruinus
Clemens oder
Celer
in Band 06

< >

Das von Johann Heinrich Zedler verlegte *Universal-Lexicon* ist mit Abstand das umfangreichste enzyklopädische Werk, das im Europa des 18. Jahrhunderts hervorgebracht wurde. In den 64 Bänden und 4 Supplementbänden des Lexikons befinden sich auf ca. 63.000 zweispaltigen Folioseiten rund 284.000 Artikel und 276.000 Verweisungen. Die Artikel decken den gesamten Raum des Wissens ab. Behandelt werden so unterschiedliche Sachgebiete wie Mineralogie und Rechtsprechung, Medizin und Astrologie, Ökonomie und Musik, Zoologie und Philosophie, Handwerk und Religion. Die allermeisten Artikel finden sich jedoch im biographischen (rund 120.000) und im geographischen (rund 73.000) Bereich. Da das *Universal-Lexicon* einerseits in einem relativ kurzen Zeitraum (1731-1754) entstanden ist und andererseits zahlreiche Artikel enthält, die zuvor in Speziallexika erschienen waren, stellt es eine bedeutende Quelle für das Wissen dieser Zeit dar. Die Autoren der Artikel, die eigens für das *Universal-Lexicon* geschrieben wurden, sind bis heute weitgehend unbekannt.

Urheber	Johann Heinrich Zedler
Sprache	deutsch
Kosten	kostenlos
Weiterführende	a) retro-Bibliothek:
Links	http://www.retrobibliothek.de

Bibliographien, Datenbanken

Eintrag	**13**
Titel	**commentarist**
URL	http://www.commentarist.de

Beschreibung

Das Angebot von „commentarist" hat zum Ziel, tagesaktuelle Kommentare und Kolumnen von Journalisten zu bieten und deckt folgende Rubriken ab: National, International, Wirtschaft, Sport, Wissenschaft & Technik, Kultur. Inhaltlich werden die wichtigen grossen Zeitungen Deutschlands, Österreichs und der Schweiz berücksichtigt. Die Recherche erfolgt mittels einfachem Suchinterface nach Themen, Journalisten, Nachrichtenseiten.

Urheber	Commentarist Media GmbH, Hamburg
Sprache	deutsch
Kosten	kostenlos

Eintrag	**14**
Titel	**Dissonline**
URL	http://www.dissonline.de

Beschreibung

Mit der Dienstleistung „Dissonline" steht ein Angebot zur Verfügung, das digitale Dissertationen und Habilitationen der Deutschen Nationalbibliothek sowie der Schweizerischen Nationalbibliothek im Internet nachweist. Für die Recherche kann eine Volltextsuche oder eine Metadatensuche (für bibliographische Angaben) benützt werden. Zusätzlich werden umfassende Informationen und Unterlagen zum Thema „Elektronisches Publizieren von Dissertationen und Habilitationen" bereitgestellt (siehe auch Eintrag 224).

Urheber	Deutsche Nationalbibliothek
Sprache	deutsch
Kosten	kostenlos
Weiterführende	a) Cyberthèses
Links	http://theses.univ-lyon2.fr/
	b) Pleiadi:
	http://www.openarchives.it/pleiadi/

Eintrag	**15**
Titel	**Findarticles**
URL	http://www.findarticles.com

Beschreibung

Mit „Findarticles" erschliesst sich dem Suchenden eine Datenbank von ca. 10 Mio wissenschaftlichen Artikeln zu den folgenden Fachgebieten: Arts & Entertainment, Automotive, Business & Finance, Computers & Technology, Health & Fitness, Home & Garden, News & Society, Reference & Education, Sports. Der Berichtszeitraum geht bis 1984 zurück. Die Suche kann eingeschränkt werden auf kostenpflichtige oder nur frei zugängliche Publikationen.

Urheber	FindArticles
Sprache	englisch
Kosten	Suche: kostenlos, Volltexte: teilweise kostenpflichtig
Weiterführende	a) MyJournals
Links	http://www.myjournals.org
	b) OAIster
	http://www.oclc.org/oaister/
	c) Science.gov
	http://www.science.gov

d) Science Accelerator:
http://www.scienceaccelerator.gov
e) The Scientific World:
http://www.thescientificworld.com/

Eintrag	**16**
Titel	**Forschungsportal.Net**
URL	http://www.forschungsportal.net

Beschreibung

Das vom Bundesministerium für Bildung und Forschung (BMBF) getragene Projekt ermöglicht eine Suche mit Volltext-Indexierung in Servern öffentlich finanzierter, deutscher Forschungseinrichtungen. Dafür steht ein Interface mit einfachen Recherchefunktionen und erweiterten Optionen (Dokumententypen, Kategorien, Einrichtungen) zur Verfügung. Neben der Datenbanksuche lässt sich die deutsche Forschungslandschaft auf zwei weiteren Wegen erkunden: mit dem Blick auf Forschungslandkarten (geographische Übersicht über die öffentlich finanzierte Forschung in Deutschland) und in das Verzeichnis der Hochschulen. Zusätzlich sind Forschungsberichte (Jahr 2000 ff.) abrufbar.

Urheber	Regionales Rechenzentrum für Niedersachsen, Universität Hannover
Sprache	deutsch
Kosten	kostenlos
Weiterführende Links	a) Forschungsportal.ch: http://www.forschungsportal.ch b) LeibnizOpen: http://www.leibnizopen.de

Eintrag	**17**
Titel	**Networked Digital Library of Theses and Dissertations (NDLTD)**
URL	http://www.ndltd.org

Beschreibung

Mit dem „Networked Digital Library of Theses and Dissertations Union Catalog" hat man Zugriff auf Dissertationen und Diplomarbeiten der verschiedensten Institutionen weltweit. Der Zugang erfolgt über drei Wege: Browsing (Autor, Titel,

Schlagwort, Bibliothekssigel), Datenbankabfrage (Optionen „Autor", „Titel", „Schlagwort") und Expertensuche mit Boole'schen Operatoren.

Urheber	VTLS Inc.
Sprache	englisch
Kosten	kostenlos
Weiterführende	a) Australian Digital Theses Program (ADT)
Links	http://adt.caul.edu.au/
	b) Theses Canada Portal:
	http://www.collectionscanada.ca/thesescanada/

Eintrag	**18**
Titel	**Scirus**
URL	http://www.scirus.com

Beschreibung

„Scirus" ist eine Datenbank zur Suche wissenschaftlicher Inhalte; nebst unselbständiger Literatur kann auch nach Websites gesucht werden (Optionen zur Auswahl: einfach, erweitert, Preferences). Indexiert werden ebenfalls Dissertationen und E-Prints auf Servern wie z.B. „Arxiv.org" (Eintrag 149) oder „Biomed Central"; Berichtszeitraum ab 1920 (teilweise liegen die Resultate noch vor diesem Jahr).

Urheber	Elsevier
Sprache	englisch
Kosten	Suche: kostenlos, Volltexte: teilweise kostenpflichtig
Weiterführende	a) Scopus
Links	http://www.scopus.com

Bibliotheks- und Informationswissenschaft

Subject Gateways

Eintrag	**19**
Titel	**b2i – bibliotheks-, buch- und informationswissenschaften**
URL	http://www.b2i.de

Beschreibung

Die virtuelle Fachbibliothek „b2i" bietet als Wissenschaftsportal einen zentralen Einstiegspunkt zu den Fachdisziplinen „Bibliotheks"–, „Buch"– und „Informationswissenschaften". Neben den üblichen Suchfunktionen (einfache Suche und erweiterte Metasuche) sowie einem Kontaktformular stehen folgende Rubriken zur Auswahl: Neuerwerbungen, News, Bibliothekskataloge, Fachdatenbanken und Bibliographien, Zeitschriften und Aufsätze, Internetressourcen und elektronische Volltexte, Themenbereiche, LOTSE Buchwissenschaft, Wer – was – wo.

Urheber	Bayerische Staatsbibliothek München und verschiedene Partner
Sprache	deutsch
Kosten	kostenlos
Weiterführende Links	a) Fundgrube Internet: http://www.bib-info.de/verband/Publikationen/fundgrube-internet.html

Eintrag	**20**
Titel	**BUBL Information Service**
URL	http://bubl.ac.uk/

Beschreibung

Der „BUBL Link Catalogue" bietet qualitativ hochwertige Internetressourcen an, die inhaltlich den ganzen wissenschaftlichen Bereich abdecken, gegliedert nach der Dewey-Dezimalklassifikation (DDC). Dem Nutzer stehen die Rubriken „Subject Menus", „Countries", „Types" (Medienarten), „BUBL UK" und „BUBL Archive" zur Auswahl. Unter „BUBL Archive" werden verschiedene Archive bereitgestellt: LIS Archive (Library and Information Science), Subject Archive, Mail Archive, Journals Archive (Berichtszeitraum: 1991–1995), Internet Archive (Schnappschüsse aus der Internetgeschichte zwischen 1991 und 1995). Das Angebot ist mittels Datenbankabfrage durchsuchbar, beim Grundangebot besteht auch ein Zugang mittels Browsing. Wird seit April 2011 nicht mehr aktualisiert.

Urheber	BUBL Information Service, Centre for Digital Library Research (Strathclyde University)
Sprache	englisch
Kosten	kostenlos
Weiterführende Links	a) AIB-WEB: http://www.aib.it/ b) Repere: http://repere.enssib.fr c) UNESCO Libraries Portal: http://www.unesco.org/webworld/portal_bib

BUBL LINK Catalogue of Internet Resources

The BUBL service is no longer being updated (April 2011)

Dewey | Search | Subject Menus | Countries | Types | BUBL UK | BUBL Archive

Selected Internet resources covering all academic subject areas

A|B|C|D|E|F|G|H|I|J|K|L|M|N|O|P|Q|R|S|T|U|V|W|X|Y|Z

000 Generalities
 Includes: computing, Internet, libraries, information science

100 Philosophy and psychology
 Includes: ethics, paranormal phenomena

200 Religion
 Includes: bibles, religions of the world

300 Social sciences
 Includes: sociology, politics, economics, law, education

400 Language
 Includes: linguistics, language learning, specific languages

500 Science and mathematics
 Includes: physics, chemistry, earth sciences, biology, zoology

600 Technology
 Includes: medicine, engineering, agriculture, management

700 The arts
 Includes: art, planning, architecture, music, sport

800 Literature and rhetoric
 Includes: literature of specific languages

900 Geography and history
 Includes: travel, genealogy, archaeology

[Search]

E-LIS | CDLR Projects | Contacts and Credits

BUBL uses the Dewey Decimal Classification system as the primary organisation structure for its catalogue of Internet resources.
The Dewey Decimal Classification is (c) 1996-2007 OCLC Online Computer Library Center. Used with Permission.

BUBL Information Service, Centre for Digital Library Research, Strathclyde University, Glasgow G1 1XH, Scotland
Tel: 0141 548 4752   Email: BUBL

Lexika, Enzyklopädien, Wörterbücher

Eintrag   **21**
Titel   **Bibliotheksglossar**
URL   http://www.bibliotheks-glossar.de/

Beschreibung

Das Wörterbuch enthält ca. 90.000 Fachbegriffe und Abkürzungen aus der Welt des Buches, der Bibliothek und der EDV; die Datenbanksuche bietet die Übersetzung vom Deutschen ins Englische und umgekehrt.

Urheber   Birgit Wiegandt
Sprache   deutsch-englisch
Kosten   kostenlos
Weiterführende a) Glossar zu Begriffen der Informationskompetenz
Links   http://glossar.ub.uni-kl.de/
                b) Lexique bibliothéconomique en langues étrangères
                http://tinyurl.com/3bzdc9j
                c) Wörterbuch Buch- und Bibliothekswesen
                deutsch-französisch
                http://info.ub.uni-potsdam.de/datenbanken/df_glossar/
                startglossar.php

Eintrag	**22**
Titel	**ODLIS - Online Dictionary for Library and Information Science**
URL	http://www.lu.com/odlis

Beschreibung

Der „Online Dictionary for Library and Information Science" (ODLIS) ist ein ausführliches Lexikon zu allen Belangen des Informations- und Dokumentationswesens und richtet sich in erster Linie an die Zielgruppe dieser Fachleute. Der Zugriff erfolgt über die einzelnen Buchstaben des Alphabets, keine Stichwortsuche verfügbar. Auch als Printausgabe erhältlich.

Urheber	Joan M. Reitz
Sprache	englisch
Kosten	kostenlos

Bibliographien, Datenbanken

Eintrag	**23**
Titel	**E-Books Directory**
URL	http://www.e-booksdirectory.com

Beschreibung

Mit dem „E-Books Directory" liegt ein umfangreiches Verzeichnis frei zugänglicher E-Books und anderer elektronischer Ressourcen (wie z.B. Vorträge) vor, das täglich aktualisiert wird. Gegliedert ist das Angebot in zahlreiche Rubriken, die von „Arts & Photography" bis zu „Travel" reichen; zu den Hauptkategorien gehören „New", „Top 20" und „Popular". Es besteht ebenfalls die Möglichkeit, eigens verfasste E-Books hochzuladen. Recherchiert werden kann mittels Datenbankabfrage mit einfacher Suchoption.

Urheber	E-BooksDirectory.com
Sprache	englisch
Kosten	kostenlos
Weiterführende Links	a) Biblioteca Libreria online: http://www.bivionline.it
	b) e-Books bibliography: http://www.i-a-l.co.uk/resource_ebook2011.html
	c) Libranda: http://www.libranda.com
	d) Publie.net: http://www.publie.net

Eintrag	**24**
Titel	**E-Prints in Library and Information Science (E-LIS)**
URL	http://eprints.rclis.org

Beschreibung

„E-Prints in Library and Information Science" (E-LIS) ist ein frei zugängliches Archiv für wissenschaftliche Publikationen aus dem Informations- und Dokumentationswesen (Library and Information Science) und verwandten Gebieten und gilt als erster internationaler „E-Server" in diesem Bereich (besteht seit 2003). „E-LIS" ist der Open Access-Initiative verpflichtet. Der Zugang geschieht mittels Datenbankabfrage oder Browsing.

Urheber	Internationales Bibliothekarenteam,
	unter Federführung von Antonella De Robbio
Sprache	diverse
Kosten	kostenlos
Weiterführende	a) Archive Ouverte en Sciences de
Links	l'Information et de la Communication:
	http://archivesic.ccsd.cnrs.fr/

Eintrag	**25**
Titel	**Fachdatenbank Buchwissenschaft**
URL	http://www.buchwissenschaft.info

Beschreibung

Die „Fachdatenbank Buchwissenschaft" enthält selbständige und unselbständige Literatur zum Buch- und Bibliothekswesen; sie beinhaltet die drei grossen Nachweisinstrumente „Wolfenbütteler Bibliographie zur Geschichte des Buchwesens" (WBB) (Eintrag 25b), „Bibliographie der Buch- und Bibliotheksgeschichte" (BBB) sowie den Bibliothekskatalog des „St. Galler Zentrums für das Buch" (SGZFB) und gehört somit zum wichtigsten Auskunftsmittel der Bibliothekswissenschaft. Der Berichtszeitraum wird ab 1840 datiert (WBB), die BBB erstreckt sich über die Jahre 1980 bis 2003. Die Recherche wird durch ein einfaches Suchinterface ermöglicht und kann in jeder Datenbank einzeln oder übergeordnet in einer Metasuche über alle drei Datenbanken durchgeführt werden.

Urheber	Niedersächsische Staats- und Universitätsbibliothek
	Göttingen; Buchwissenschaft, Friedrich-Alexander-
	Universität Erlangen-Nürnberg
Sprache	deutsch
Kosten	kostenlos
Weiterführende	a) Bibliography of the History of Information

Links   Science and Technology, 1900-2009, 7th edition
                     http://www.libsci.sc.edu/bob/istchron/Isbiblio7.pdf
                     b) Wolfenbütteler Bibliographie zur Geschichte
                     des Buchwesens (WBB)
                     http://diglib.hab.de/edoc/ed000003/start.htm

Eintrag   **26**
Titel   **ICON - Database of International**
                     Newspapers
URL   http://icon.crl.edu/database.php

Beschreibung

Die „International Coalition on Newspapers" (ICON) bietet eine umfangreiche
Zusammenstellung wichtiger Informationen und Dienstleistungen zum Thema
Zeitung. Dazu gehören die „Database of International Newspapers", die Rubriken
„Preservation", „Clearinghouse" (u.a. mit Mailingliste, Projekten zur Langzeitar-
chivierung usw.) sowie die Abteilung „Digitization" (Digitalisierungsprojekte).
Die Datenbank selbst enthält bibliographische Angaben zu Zeitungen, die ausser-
halb der USA publiziert werden und sich in amerikanischen Bibliotheken befin-
den. Das Suchinterface ermöglicht die Recherche nach Zeitungstitel, Land, Jahr,
OCLC Nummer, Sprache sowie Institution.

Urheber   Center for Research Libraries, Chicago
Sprache   englisch
Kosten   kostenlos
Weiterführende   a) Onlinenewspapers
Links   http:// www.onlinenewspapers.com

Eintrag   **27**
Titel   **Infodata**
URL   http://fabdax.fh-potsdam.de/infodata/

Beschreibung

„Infodata" ist eine zweisprachige Literaturdatenbank zu den Informationswissenschaften (deutsch/englisch), die folgende Sachgebiete abdeckt: Informationsma-
nagement, Informationsvermittlung, Informationssysteme, Datenbankmanage-
mentsysteme, Informationsrecht, Informationspolitik, Information Retrieval, Literaturdokumentation, Faktendokumentation, Objektdokumentation, Dokumentati-
onssysteme, Kommunikationstechnologie, Bürokommunikation, Neue Medien,
Informationsnetze, Künstliche Intelligenz, Expertensysteme, Computerlinguistik,
Wirkungsforschung, Elektronisches Publizieren, Veröffentlichungswesen, Biblio-

theksautomation. Zu jeder einzelnen Dokumentationseinheit sind Abstracts erhältlich (in der Originalsprache). Der Datenbestand reicht bis 1976 zurück und wird
monatlich aktualisiert.

Urheber	Informationszentrum für Informationswissenschaft
	und -praxis (IZ) an der Fachhochschule Potsdam
Sprache	deutsch/englisch
Kosten	gebührenfrei bis zur Ebene der Dokumenttitel,
	Vollanzeige kostenpflichtig
Weiterführende	a) CiteSeer - Scientific Literature Digital Library
Links	http://citeseer.ist.psu.edu/
	b) Guide to Open Bibliographic Data
	http://obd.jisc.ac.uk
	c) Knowledge organization literature
	http://www.isko.org/lit.html
	d) Library, Information Science & Technology
	Abstracts (LISTA):
	http://www.libraryresearch.com
	e) LIBvalue
	http://libvalue.cci.utk.edu/

Eintrag	**28**
Titel	**INFODATA-eDepot**
URL	http://fiz1.fh-potsdam.de/

Beschreibung

„INFODATA-eDepot" ist ein Volltextarchiv elektronischer Dokumente auf dem
Gebiet der Informationswissenschaft. Es kann nach Personen, Hochschulen,
Hochschulschriften, Tagungen/Festschriften sowie Zeitschriften/Schriftenreihen
gesucht werden. Die Recherchefunktion bietet folgende Optionen: Schnellsuche,
erweiterte Suche, Suche Institutionen, INFODATA-Thesaurus.

Urheber	Informationszentrum für Informationswissenschaft
	und -praxis (IZ) an der Fachhochschule Potsdam
Sprache	deutsch
Kosten	kostenlos

Eintrag	**29**
Titel	**Information Literacy**
URL	http://infolitglobal.info/directory/en/

Beschreibung

Die Information Literacy Section der International Federation of Library Association and Institutions (IFLA) unterhält mit diesem Webportal ein „International Resources Directory" zum Thema Informationskompetenz, bestehend aus folgenden fünf Hauptabteilungen: Products for users, Publications, Organizations, Training the Trainers, Communication. Zusätzlich findet man in der Rubrik „Countries" eine alphabetisch nach Ländern geordnete Zusammenstellung mit weiterführenden Links und Projekten, die Abteilung „Categories" enthält eine Zusammenstellung nach Fachgebieten. Die Navigation wird via Browsing und mittels Datenbankabfrage (einfache Suche) ermöglicht.

Urheber	Global Team, bestehend aus verschiedenen Länderkoordinatoren
Sprache	englisch
Kosten	kostenlos
Weiterführende Links	a) Informationskompetenz http://www.informationskompetenz.de

Eintrag	**30**
Titel	**Informationsmittel (IFB)**
URL	http://www.bsz-bw.de/SWBplus/ifb/ifb.shtml

Beschreibung

„Informationsmittel" (IFB) versteht sich als digitales Rezensionsorgan für Bibliothek und Wissenschaft und wird seit 1993 von Klaus Schreiber herausgegeben. Besprochen werden Publikationen aller Gattungen und medialen Angebotsformen. IFB liegt ab dem Jahrgang 9(2001) in elektronischer Form vor; die Jahrgänge 1(1993) – 8(2000) erschienen unter dem Titel „Informationsmittel für Bibliotheken" (IFB) und stehen in gedruckter wie in elektronischer Form zur Verfügung. Die Suche erfolgt via Inhaltsverzeichnis (mittels Browsing), ab Jahrgang 10 (2002) kann in der Datenbank SWBplus nach allen Texten recherchiert werden. Von den Beiheften, die seit 1994 erscheinen, sind nur die Jahrgänge 8(1998) und 9(1999) elektronisch erhältlich.

Urheber	Klaus Schreiber; Herausgeber der elektronischen Ausgabe: Bibliotheksservice-Zentrum Baden-Württemberg (BSZ)
Sprache	deutsch
Kosten	kostenlos
Weiterführende	a) The Charleston Advisor

Links   http://www.charlestonco.com/
                               b) Reference Reviews Europe Online (RREO)
                               http://rre.casalini.it

Eintrag   **31**
Titel   **Scholarly Electronic Publishing Bibliography (SEPB)**
URL   http://info.lib.uh.edu/sepb/sepb.html

Beschreibung

Diese Bibliographie stellt ausgewählte englischsprachige Fachartikel, Bücher und
andere gedruckte und elektronische Quellen zum wissenschaftlichen elektronischen Publizieren im Internet zusammen. Als Berichtszeitraum wird 1990 verzeichnet (vereinzelt sind auch Beiträge vorhanden, die vor 1990 erschienen sind).
Der Zugriff auf die Bibliographie geschieht über das Inhaltsverzeichnis oder über
eine Datenbankabfrage. Zusätzliche Angebote sind ein Weblog und ein Verzeichnis zu „Scholarly Electronic Publishing Resources".

Urheber   Charles W. Bailey, Jr.
Sprache   englisch
Kosten   kostenlos
Weiterführende   a) Digital Scholarship: Open Access Publishing since 1989
Links   http://digital-scholarship.org/
                               b) Open Access Bibliography: Liberating Scholarly
                               Literature with E-Prints and Open Access Journals:
                               http://info.lib.uh.edu/cwb/oab.pdf

Eintrag   **32**
Titel   **Verzeichnis der im deutschen Sprachbereich**
                               erschienenen Drucke des 16. Jahrhunderts (VD16)
URL   http://www.vd16.de

Beschreibung

Das Verzeichnis der im deutschen Sprachbereich erschienenen Drucke des 16.
Jahrhunderts (VD 16) weist als retrospektive Nationalbibliographie alle im dama-
ligen deutschen Sprachgebiet gedruckten Bücher aus der Zeitperiode 1501 – 1600
nach. Ein Teil der Titelaufnahmen sind mit einem Link zum Volldigitalisat versehen. Der Berichtszeitraum wird mit 1501 – 1600 angegeben. Für die Recherche
wird eine Datenbank mit erweiterten Suchoptionen geboten.

Urheber   Bayerische Staatsbibliothek München
Sprache   deutsch

Kosten	kostenlos
Weiterführende	a) EDIT 16: censimento nazionale delle edizioni italiane
Links	del XVI secolo
	http://edit16.iccu.sbn.it/
	web_iccu/ihome.htm
	b) VD 18 digital: Verzeichnis der im deutschen
	Sprachraum erschienenen Drucke des 18. Jahrhunderts
	(VD 18) - Pilotphase
	http://tinyurl.com/3tz8tjb
	c) Verzeichnis der im deutschen Sprachraum erschienenen
	Drucke des 17. Jahrhunderts (VD 17)
	http://www.vd17.de

Eintrag	**33**
Titel	**Zeno**
URL	http://www.zeno.org

Beschreibung

„Zeno" rühmt sich, die grösste deutschsprachige Volltextbibliothek zu bieten (laut Beschreibung Website). Unterteilt ist das Angebot in verschiedene Kategorien, die von „Literatur" bis „Naturwissenschaften" reichen, zusätzlich gibt es die Rubriken „Lexika" und „Wikipedia". Die Inhalte eschliessen sich dem Anwender mittels Browsing und mittels Datenbankabfrage (einfache und erweiterte Suche).

Urheber	Contumax GmbH & Co. KG: Ralf Szymanski, Stefan Krause
Sprache	deutsch
Kosten	kostenlos
Weiterführende	a) Digi20:
Links	http://digi20.digitale-sammlungen.de

Eintrag	**34**
Titel	**Zentrales Verzeichnis Digitalisierter Drucke (zvdd) /**
	Portal Digitalisierte Drucke
URL	http://www.zvdd.de

Beschreibung

Das „Zentrale Verzeichnis Digitalisierter Drucke (zvdd) / Portal Digitalisierte Drucke" ist ein Gemeinschaftsprojekt der drei Institutionen AG Sammlung Deutscher Drucke (SDD), der Verbundzentrale des Gemeinsamen Bibliotheksverbundes (VZG) und des Hochschul-Bibliothekszentrums (HBZ), mit dem Ziel, den Nachweis digitalisierter Drucke in Deutschland zu verbessern. Dabei wird beabsichtigt, einen zentralen Zugang zu digitalisierten Bibliotheksmaterialien zu schaffen. Für die Recherche steht eine Schnellsuche und eine detaillierte Suche zur Verfügung.

Urheber	Verbundzentrale des GBV (VZG), Göttingen
Sprache	deutsch
Kosten	kostenlos
Weiterführende	a) Gesamtkatalog der Wiegendrucke:
Links	http://www.gesamtkatalogderwiegendrucke.de/
	b) Incunabula Short Title Catalogue (ISTC)
	http://www.bl.uk/catalogues/istc/
	c) Inkunabelkatalog INKA:
	http://www.inka.uni-tuebingen.de
	d) Verteilte Digitale Inkunabelbibliothek (vdIb):
	http://inkunabeln.ub.uni-koeln.de/

Eintrag	**35**
Titel	**Zentralverzeichnis elektronischer Publikationen - zevep**
URL	http://www.zevep.com

Beschreibung

Als zentrales Download-Portal für e-Books bietet diese Plattform Zugriff auf elektronische Bücher von Fachverlagen, Universitätsbibliotheken und Archiven.

Die Recherche wird durch eine Schnellsuche und eine erweiterte Suche ermöglicht, ein Teil des Bestandes ist via Volltextrecherche erschlossen.

Urheber	Koch, Neff & Volckmar GmbH, Stuttgart
Sprache	deutsch
Kosten	Suche: kostenlos, Download der e-Books: kostenpflichtig
Weiterführende	a) e-buchkatalog
Links	http://www.e-buchkatalog.de

Philosophie

Subject Gateways

Eintrag	**36**
Titel	**Die Philosophie-Seiten von Dieter Köhler**
URL	http://philo.de/Philosophie-Seiten/

Beschreibung

Dieter Köhler bietet eine kommentierte Linksammlung zu philosophischen Datenquellen aus aller Welt, unterteilt in folgende Rubriken: Material (Philosophen und Philosophinnen, Philosophische Themen, Philosophische Richtungen, Philosophie-Geschichte, Digitales Publizieren), Diskussion (Online-Zeitschriften, Textarchive und Audiotheken, Diskussions-Foren, Mailinglisten, Nachrichten, Zeitgenössische Philosophen, Philosophie in Medien und Gesellschaft), Recherche (Internet-Suchmaschinen und -verzeichnisse, Bibliotheken, Verlage, Buchvermittlung und Antiquariate, Offline-Zeitschriften), Forschung und Lehre (Institute, Forschungseinrichtungen, Vereinigungen, Studium und Universität, Schule und Unterricht, Kongresse, Tagungen, Stellenangebote), Vermischtes (Humor, Internet-Seiten selbst erstellen, Impressum, Auszeichnungen).

Urheber	Dieter Köhler
Sprache	Hauptseite: deutsch, Angebote: verschiedene Sprachen
Kosten	kostenlos

Eintrag	**37**
Titel	**Philosophy around the Web**
URL	http://users.ox.ac.uk/~worc0337/phil_index.html

Beschreibung

„Philosophy around the Web" ist ein wissenschaftlicher Einstiegspunkt rund ums Thema Philosophie, zusammengestellt vom englischen Philosophielehrer Peter J. King. Die Website besteht aus folgenden Sachgebieten: Why study philosophy?, Regions (incl. Universities), Sites by topic, Individual Philosophers, Journals, Institutions' pages, Individuals' pages, Reference, Discussion, Conferences, Distance Learning etc, Directory of Philosophers, Jobs, My stuff. Die Inhalte werden über Linklisten erschlossen (keine Datenbankabfrage möglich).

Urheber	Peter J. King
Sprache	englisch
Kosten	kostenlos

Lexika, Enzyklopädien, Wörterbücher

Eintrag	**38**
Titel	**Online-Wörterbuch Philosophie**
URL	http://www.philosophie-woerterbuch.de

Beschreibung

Hier ist die Online-Ausgabe des „Handwörterbuchs Philosophie", herausgegeben von Wulff D. Rehfus (UTB-Verlag), zu finden. Die Inhalte werden durch eine Artikel- und Autorensuche (einfaches Suchfeld) erschlossen. Zusätzlich bietet die Website Zugriff auf ein Philosophenverzeichnis mit Kurzinformationen zu 635 Philosophen.

Urheber	UTB Gmbh, Stuttgart
Sprache	deutsch
Kosten	kostenlos
Weiterführende Links	a) Enzyklopädie der philosophischen Wissenschaften im Grundrisse http://www.hegel.de/werke_frei/startfree.html b) Philosophenlexikon: http://www.philosophenlexikon.de

Eintrag	**39**
Titel	**Stanford Encyclopedia of Philosophy**
URL	http://plato.stanford.edu/

Beschreibung

Die „Stanford Encyclopedia of Philosophy" ist ein Projekt des Metaphysics Research Lab am Center for the Study of Language and Information (CSLI) der Stanford Universität und wurde 1995 begonnen. Die Publikation versteht sich als dynamisches Nachschlagewerk, in welchem jeder Eintrag von Experten stets aktualisiert und auf den neusten Stand gebracht wird. Die Inhalte werden durch ein wissenschaftliches Herausgebergremium begutachtet, Herausgeber ist Edward N. Zalta. Für die Suche stehen die „Table of Contents" als alphabetische Auflistung der einzelnen Beiträge (in gekürzter und ungekürzter Ausgabe) sowie eine einfache und eine erweiterte Suche zur Verfügung. Die einzelnen Artikel werden zusätzlich nach dem Datum ihrer Erstveröffentlichung aufgeführt. Die Enzyklopädie erhielt 2005 die Auszeichnung "Best Content" vom englischen Rezensionsorgan „The Charleston Advisor" (Eintrag 30a).

Urheber	Metaphysics Research Lab am Center for the Study of Language and Information (CSLI), Stanford Universität
Sprache	englisch
Kosten	kostenlos
Weiterführende Links	a) The Internet Encyclopedia of Philosophy http://www.iep.utm.edu/

Bibliographien, Datenbanken

Eintrag	**40**
Titel	**EpistemeLinks - Bibliographies**
URL	http://www.epistemelinks.com/ Main/MainBibl.aspx

Beschreibung

Die Bibliographien zu philosophischen Themen bilden eine Unterabteilung des Angebots „EpistemeLinks - Philosophy Resources on the Internet". Die Bibliographien sind nach den Kategorien Philosophen und Sachgebiete geordnet; für beides steht eine Datenbanksuche zur Verfügung. Über die Rubrik „What's new in this section?" wird man über neu hinzugekommene Inhalte informiert.

Urheber	Thomas Ryan Stone
Sprache	englisch
Kosten	kostenlos

Psychologie

Subject Gateways

Eintrag	**41**
Titel	**Psych Web**
URL	http://www.psychwww.com

Beschreibung

„Psych Web" bietet eine umfangreiche Linksammlung zu psychologischen Themen und wendet sich vor allem an Psychologiestudenten und -dozenten. Folgende Angebote stehen zur Auswahl: APA Style Resources, Books (Klassiker im Volltext), Brochures, Departments (psychologische Institute weltweit), Mind Tools, Scholarly Resources (nach Sachgebieten), Sport Psychology, What's New u.a. Die Suche erfolgt über die einzelnen Rubriken (Browsing) oder mittels Datenbankabfrage.

Urheber	Russell A. Dewey, Georgia Southern University
Sprache	englisch
Kosten	kostenlos

Eintrag	**42**
Titel	**Virtuelle Fachbibliothek Psychologie**
URL	http://fips.sulb.uni-saarland.de/port.htm

Beschreibung

Die „Virtuelle Fachbibliothek Psychologie" der Saarländischen Universitäts- und Landesbibliothek besteht aus folgenden drei Hauptangeboten: PsychLinker (Linksammlung zu wissenschaftlichen Informationen aus der Psychologie) (Eintrag 45b), PsyDok (Volltextserver für Graue Literatur aus der Psychologie), Newsletter, mit Archiv; die Website führt zusätzlich die Psychologie-Metasuchmaschine auf, jedoch mit dem Hinweis, dass diese seit Mai 2004 offline sei. Weitere wichtige Rubriken sind „Sondersammelgebiet Psychologie" mit Neuerwerbungen des letzten Monats sowie Zeitschriftenlisten inklusive Liste von Open Access Zeitschriften zur Psychologie, Angebote der Kooperationspartner (Psychspider, Eintrag 45, PSYCLINE Eintrag 46), Online Contents Psychologie, Forum Qualitative Sozialforschung FQS und Projektinformationen. Die Suche erfolgt einzig bei „PsyDok" mittels Datenbankabfrage, ansonsten ist der Zugang durch Browsing gewährleistet.

Urheber	Saarländische Universitäts- und Landesbibliothek
Sprache	deutsch
Kosten	kostenlos
Weiterführende	a) Psychologie.de:
Links	http://www.psychologie.de

Lexika, Enzyklopädien, Wörterbücher

Eintrag	**43**
Titel	**Encyclopedia of Psychology**
URL	http://www.psychology.org

Beschreibung

Der Inhalt der „Encyclopedia of Psychology" besteht aus zwei Teilen: dem eigentlichen Lexikonangebot mit Beiträgen von Experten aus Forschung und Praxis und einer kommentierten Linksammlung zu wissenschaftlichen psychologischen Themen. Das Nachschlagewerk ist in acht Sachgebiete gegliedert, welche wiederum nach Unterrubriken geordnet sind: Career, Environment Behavior Relationships, Organizations, Paradigms and Theories, People and History, Publications, Resources, Underlying Reductionistic Machinery. Für die Suche steht eine Datenbankabfrage zur Verfügung.

Urheber	Department of Psychology, Jacksonville State University
Sprache	englisch
Kosten	kostenlos

Bibliographien, Datenbanken

Eintrag	**44**
Titel	**Cogprints**
URL	http://cogprints.soton.ac.uk

Beschreibung

„Cogprints" (Cognitive Sciences Eprint Archive) versteht sich als elektronisches Archiv für Publikationen aus folgenden Gebieten: Psychologie, Neurowissenschaften, Linguistik, Computerwissenschaften, Philosophie und Biologie. Das Ganze beruht auf dem Prinzip der Selbstarchivierung. Für die Suche steht eine Browsingfunktion (nach Jahr und Sachgebiet) und eine Datenbankabfrage zur

Verfügung. Der Berichtszeitraum geht auf 1950 zurück (wobei aus diesem Jahr lediglich ein Eintrag verzeichnet ist).

Urheber	Stevan Harnad
Sprache	englisch
Kosten	kostenlos

Eintrag	**45**
Titel	**Psychspider**
URL	http://www.zpid.de/PsychSpider.php

Beschreibung

„Psychspider" (siehe auch Eintrag 42) ist die Psychologie-Suchmaschine des Zentrums für Psychologische Information und Dokumentation (ZPID) der Universität Trier. Es können gleichzeitig folgende Angebote abgefragt werden: ZPID, Fachgesellschaften/Fachgruppen, Fachinformationszentren, Institute, (Test-)Diagnostik, Web allgemein, Veranstaltungen, Bibliotheken, E-Journals, PSYNDEX Lit & AV (PSYNDEX Literature & AV Media) und PSYNDEX Tests.

Urheber	Zentrum für Psychologische Information und Dokumentation (ZPID)
Sprache	deutsch
Kosten	kostenlos
Weiterführende Links	a) APA PsycNET http://psycnet.apa.org/ b) Psychlinker http://www.psychlinker.de

Eintrag	**46**
Titel	**PSYCLINE**
URL	http://www.psycline.org

Beschreibung

„PSYCLINE" ist eine Zusammenstellung psychologischer und sozialwissenschaftlicher Zeitschriften und besteht aus zwei Teilen, dem „PSYCLINE's Journal Locator" und dem „PSYCLINE's Article Locator". Der „Journal Locator" bietet folgende Suchoptionen: Stichwort, Sachgebiet, Artikel/Abstract/Inhaltsverzeichnis und alphabetische Auflistung der Zeitschriftentitel. Mit dem „Article Locator" können die Angebote von Elsevier, Blackwell, Kluwer, Medline und American Psychological Association (APA) abgefragt werden.

Urheber	Armin Günther
Sprache	deutsch
Kosten	kostenlos

Religion/Theologie

Subject Gateways

Eintrag	**47**
Titel	**Düsseldorfer Virtuelle Bibliothek:**
	Religionswissenschaft
URL	http://www.ub.uni-duesseldorf.de/home/ebib/fachinfo/rel/
	dvb

Beschreibung

„Religionswissenschaft/Theologie" ist eines der vielen Angebote der Düsseldorfer Virtuellen Bibliothek der Universitäts- und Landesbibliothek Düsseldorf (ULB). Die Inhalte sind nach 11 Sachgebieten gegliedert: Allgemeines, Bibel, Theologie-, Dogmen- und Frömmigkeitsgeschichte, Systematische Theologie, Praktische Theologie, Kirchenkunde/Konfessionskunde/Ökumenik, Autoren, Kirchenrecht, Kirchengeschichte, Religionswissenschaft, Kirchliche Organisationen. Für die Suche bietet sich einzig der Zugang über die einzelnen Linklisten an (Browsing), eine Abfrage über eine Datenbank steht nicht zur Verfügung (als Alternative gibt es die Möglichkeit, eine Volltextsuche über alle Seiten der ULB zu starten).

Urheber	Universitäts- und Landesbibliothek Düsseldorf (ULB)
Sprache	deutsch
Kosten	kostenlos
Weiterführende	a) VirTheo: Virtuelle Fachbibliothek Theologie
Links	und Religionswissenschaft
	http://www.virtheo.de

Eintrag	**48**
Titel	**intute: Religion and Theology**
URL	http://www.intute.ac.uk/religion

Beschreibung

„intute: Religion and Theology" bietet qualitativ hochwertige fachlich relevante Internetressourcen zu Religion und Theologie an. Der Datenbestand kann mittels

Browsing oder über eine Datenbankabfrage (einfach und erweitert) durchsucht werden. Das Angebot wird seit Juli 2011 nicht mehr aktualisiert (siehe: Einführung zur Neuauflage).

Urheber	The Intute Consortium
Sprache	englisch
Kosten	kostenlos
Weiterführende	a) Religious Resources:
Links	http://www.religiousresources.org

Lexika, Enzyklopädien, Wörterbücher

Eintrag	**49**
Titel	**Biographisch-Bibliographisches Kirchenlexikon**
URL	http://www.bautz.de/bbkl

Beschreibung

Im „Biographisch-Bibliographischen Kirchenlexikon" sind zurzeit mehr als 14 000 Einträge zu Gelehrten aus den Gebieten der Theologie, Geschichte, Literatur und Philosophie zu finden; mit ausführlicher Darstellung der Lebenswege und vollständiger Bibliographie aller Hauptwerke der verzeichneten Personen sowie umfangreicher Sekundärliteratur. Der Zugang erfolgt über ein alphabetisches Register oder über eine Datenbankabfrage. Für Abkürzungen allgemeiner Art, von Biblischen Büchern, Sammelwerken, Zeitschriften, Monographien und Handbüchern steht ein nützliches Verzeichnis zur Verfügung.

Urheber	Verlag Traugott Bautz
Sprache	deutsch
Kosten	kostenlos: Grundangebot, weitere Informationen: freiwillige Spende
Weiterführende Links	a) Encyclopedia mythica http://www.pantheon.org b) Das Ökumenische Heiligenlexikon http://www.heiligenlexikon.de

Eintrag	**50**
Titel	**Catholic Encyclopedia**
URL	http://www.newadvent.org/cathen

Beschreibung

Die „Catholic Encyclopedia" erhebt den Anspruch, verlässliche Informationen und Inhalte zum ganzen Spektrum der katholischen Kirche zu bieten. Die einzelnen Artikel können über eine alphabetische Auflistung oder via Datenbankabfrage gesucht werden.

Urheber	K. Knight
Sprache	englisch
Kosten	kostenlos

Eintrag	**51**
Titel	**Jewish Encyclopedia**
URL	http://www.jewishencyclopedia.com

Beschreibung

Dies ist die Online-Version der vollständigen 12-bändigen Ausgabe der „Jewish Encyclopedia", welche zwischen 1901 und 1906 publiziert wurde. Sie verzeichnet ca. 15 000 Artikel und zahlreiche Illustrationen. Der Herausgeber legt Wert auf die Feststellung, dass aufgrund des Erscheinungsdatums wichtige Teile moderner jüdischer Geschichte fehlen (z.B. Holocaust), das Nachschlagewerk aber viele noch heute relevante Informationen enthält. Die Inhalte sind über ein alphabetisches Verzeichnis der einzelnen Beiträge und über eine Datenbankabfrage zugänglich.

Urheber	JewishEncyclopedia.com
Sprache	englisch
Kosten	kostenlos

Eintrag	**52**
Titel	**Lexikon Kirche & Religion**
URL	http://www.kathweb.de/lexikon

Beschreibung

Das „Lexikon Kirche & Religion" ist ein gemeinsames Projekt der Pressestellen der Bistümer Dresden-Meißen, Erfurt und Magdeburg sowie des St. Benno-Verlags und der katholischen Wochenzeitung „Tag des Herrn". Die Inhalte sind über ein alphabetisches Verzeichnis der Einträge und über eine Datenbankabfrage erschlossen.

Urheber	St. Benno Buch- und Zeitschriftenverlagsges. mbH
Sprache	deutsch
Kosten	kostenlos
Weiterführende	a) Encyclopedia of Religion and Society
Links	http://www.spartacus.schoolnet.co.uk/religion.htm
	b) Religio : das elektronische Informationssystem über Sekten, neue religiöse und ideologische Gemeinschaften und Psychogruppen in Deutschland
	http://www.religio.de

Bibliographien, Datenbanken

Eintrag	**53**
Titel	**THEOLDI: Theologische Literaturdokumentationen Innsbruck**
URL	http://bildi.uibk.ac.at/index-theoldi.html

Beschreibung

Die „THEOLDI" (Theologische Literaturdokumentationen Innsbruck) bestehen aus folgenden Datenbanken: BILDI, Bibelwissenschaftliche Literaturdokumentation Innsbruck (Literatur zu bibelwissenschaftlichen Themen, erschlossen ab 1985), KALDI, Kanonistische Literaturdokumentation Innsbruck (kanonistische und staatskirchenrechtliche Themen, Erfassung der Inhalte seit 1995 vollständig, vorher lückenhaft), MIMESIS, Literaturdokumentation zur Mimetischen Theorie René Girards. Die Suche kann über jede Datenbank einzeln erfolgen, oder es kann

eine Abfrage über alle Datenbanken gestartet werden. Die Website steht ebenfalls
in Englisch zur Verfügung.

Urheber	Katholisch-Theologische Fakultät der Leopold-Franzens Universität Innsbruck
Sprache	deutsch
Kosten	kostenlos
Weiterführende Links	a) GlobeTheoLib: Global Digital Library on Theology and Ecumenism: http://www.globethics.net/web/gtl

Eintrag	**54**
Titel	**Virtueller Katalog Theologie und Kirche (VThK)**
URL	http://www.vthk.de

Beschreibung

Der „Virtuelle Katalog Theologie und Kirche" (VThK) ist ein Meta-Katalog zum
Nachweis von 3 Millionen Medien aus kirchlich-wissenschaftlichen Bibliotheken
in Deutschland und Österreich, basierend auf der Software des „Karlsruher Virtuellen Katalogs" (KVK).

Urheber	Arbeitsgemeinschaft katholisch-theologischer Bibliotheken, Verband kirchlich-wissenschaftlicher Bibliotheken
Sprache	deutsch
Kosten	kostenlos
Weiterführende Links	a) Digital Library & Museum of Buddhist Studies: http://ccbs.ntu.edu.tw/BDLM/en/index.htm b) IxTheo: Index theologicus: Zeitschrifteninhaltsdienst Theologie http://www.ixtheo.de c) Religions and Religious thoughts of India: http://www.culturopedia.com/Religions/Hinduism.html

Sozialwissenschaften, Soziologie

Subject Gateways

Eintrag	**55**
Titel	**intute: Social sciences**
URL	http://intute.ac.uk/socialsciences/

Beschreibung

„intute: Social sciences" bietet qualitativ hochwertige fachlich relevante Internet-ressourcen zu den Sozialwissenschaften an. Der Datenbestand kann mittels Browsing oder über eine Datenbankabfrage (einfach und erweitert) durchsucht werden. Das Angebot wird seit Juli 2011 nicht mehr aktualisiert (siehe: Einführung zur Neuauflage).

Urheber	The Intute Consortium
Sprache	englisch
Kosten	kostenlos

Eintrag	**56**
Titel	**sowiport**
URL	http://www.sowiport.de

Beschreibung

„sowiport" bietet Zugang zu fachlich relevanten Informationsquellen aus allen Teildisziplinen der Sozialwissenschaften sowie zu ausgewählten Themengebieten. Folgende Rubriken stehen zur Verfügung: Thematische Dokumentationen mit themenspezifischem Zugriff, nationale und internationale Zeitschriften, Forschungseinrichtungen, Lehrstühle, Fachinformationsführer SocioGuide (qualitätsgeprüfte Linksammlung zu Fachinformationen) und Recherche in Literaturdatenbanken. Die Suche erfolgt je nach Angebot mittels Browsing (z.B. bei Linklisten) oder Stichwortabfrage (für Literaturrecherchen).

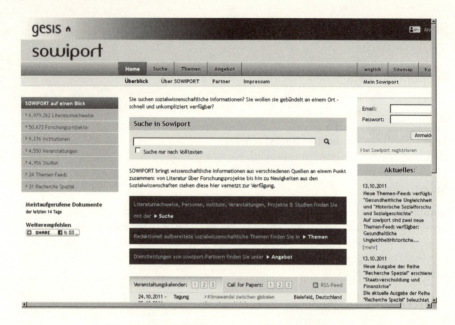

Urheber	Informationszentrum Sozialwissenschaften (IZ), Bonn
	Bibliothek der Friedrich-Ebert-Stiftung (FES), Bonn
	Universitäts- und Stadtbibliothek (USB) Köln
	Wissenschaftszentrum Berlin für Sozialforschung (WZB)
	Institut für Soziologie an der TU Darmstadt
	(nur Projektphase I)
Sprache	deutsch
Kosten	kostenlos

Lexika, Enzyklopädien, Wörterbücher

Eintrag	**57**
Titel	**Sociolexikon**
URL	http://www.socioweb.org/lexikon/

Beschreibung

Das „Sociolexikon" ist ein Projekt der Fachhochschule Nordostniedersachsen (Fachbereiche Sozialwesen und Wirtschaftspsychologie) und bietet Erklärungen zu gesellschaftlichen Grundbegriffen. Die Suche erfolgt über eine alphabetische Liste (nur Browsing möglich). Als Redaktionsschluss des Lexikons wird 1999 angegeben.

Urheber	Fachhochschule Nordostniedersachsen,
	Fachbereiche Sozialwesen und Wirtschaftspsychologie
Sprache	deutsch
Kosten	kostenlos

Bibliographien, Datenbanken

Eintrag	**58**
Titel	**Ariadne**
URL	http://www.onb.ac.at/ariadne

Beschreibung

„Ariadne" ist eine Online-Datenbank, die von der gleichnamigen Serviceeinrichtung der Österreichischen Nationalbibliothek erstellt wird. Das Hauptziel ist die Erschliessung unselbständiger Literatur zur Frauen- und Geschlechterforschung sowie zu feministischer Forschung. Die Datenbank bietet eine einfache und eine erweiterte Suche. Der Berichtszeitraum des Datenbestands reicht bis 1990 zurück. Weitere interessante Angebote sind historische Frauenzeitschriften mit Inhalts- und Bestandsverzeichnissen und Bibliographien zur Frauen- und Geschlechterforschung.

Urheber	Österreichische Nationalbibliothek
Sprache	deutsch
Kosten	kostenlos
Weiterführende	a) GenderInn:
Links	http://www.genderinn.uni-koeln.de

Eintrag	**59**
Titel	**FedStats**
URL	http://www.fedstats.gov

Beschreibung

Die Website von „FedStats" verzeichnet Informationen, Datenbanken und weiterführende Links zur Statistik der USA. Die Inhalte gliedern sich in zwei Hauptkategorien, „Links to statistics" sowie „Links to statistical agencies", die ihrerseits in weitere Abteilungen unterteilt sind. Unter den „Links to statistics" findet man „Topic links - A to Z", „MapStats (statistische Profile von amerikanischen Städten, Distrikten usw.), „Statistics by geography from U.S. agencies", „Statistical reference shelf" (statistische Sammlungen, inklusive „Statistical Abstract of the United States"); die „Links to statistical agencies" bieten folgende Unterrubriken:

Agencies listed alphabetically, Press releases, Kids' pages, Data access tools. Eine Liste mit weiterführenden Links zu statistischen Ämtern sowie die „Federal statistical policy" (Budget der amerikanischen Regierung u.v.a.m.) ergänzen das Angebot. Ein einfaches Suchinterface gewährleistet den Zugriff auf die Daten.

Urheber	Federal Government
Sprache	englisch
Kosten	kostenlos
Weiterführende	a) Eurostat:
Links	http://epp.eurostat.ec.europa.eu
	b) UNECE: United Nations Economic Commission
	for Europe – Statistical Database
	http://w3.unece.org/pxweb/
	c) Worldbank:
	http://www.worldbank.org

Eintrag	**60**
Titel	**Report Buyer**
URL	http://www.reportbuyer.com

Beschreibung

Mit dem „Report Buyer" erschliesst sich dem Anwender eine umfangreiche Datenbank mit Marktstudien aus aller Welt. Gegliedert ist das Angebot in verschiedene Rubriken („Automotive" bis „Telecoms"). Eine einfache Suche erlaubt das Recherchieren im Datenbestand.

Urheber	ReportBuyer, London
Sprache	verschieden
Kosten	Suche: kostenlos; Studien: kostenlos und kostenpflichtig
Weiterführende	a) Marktstudie:
Links	http://www.markt-studie.de

Eintrag	**61**
Titel	**Social Science Research Network**
URL	http://www.ssrn.com

Beschreibung

Über das „Social Science Research Network" sind verschiedene Datenbanken zu folgenden sozialwissenschaftlichen Themen zugänglich: Accounting Research Network, Economics Research Network, Financial Economics Network, Information Systems Network, Legal Scholarship Network, Management Research Network, Marketing Research Network, Negotiations Research Network, Social Insurance Research Network und weitere themenspezifische Netzwerke. Neben einer Abstract-Datenbank gibt es eine Electronic Paper collection (Research Paper Series); die Suche geschieht über Browsing oder über die Datenbankabfrage.

Urheber	Social Science Electronic Publishing
Sprache	englisch
Kosten	kostenlos

Eintrag	**62**
Titel	**SOLIS – Social Science Literature Information System**
URL	http://www.gesis.org/en/services/research/solis-social-science-literature-information-system/

Beschreibung

Das „Sozialwissenschaftliche Literaturinformationssystem" (SOLIS) ist eine Datenbank zu deutschsprachiger fachwissenschaftlicher unselbständiger Literatur sowie Grauer Literatur (einschliesslich unveröffentlichter DDR-Forschungsberichte), welche die Gebiete Soziologie, Methoden der Sozialwissenschaften, Politikwissenschaft, Sozialpolitik, Sozialpsychologie, Bildungsforschung, Kommunikationswissenschaften, Demographie, Ethnologie, Historische Sozialforschung, Arbeitsmarkt- und Berufsforschung und diverse interdisziplinäre Themen der Sozialwissenschaften umfasst. Der Datenbestand reicht bis 1945 zurück, Graue Literatur ist ab 1977 erschlossen.

Urheber	Gesellschaft Sozialwissenschaftlicher Infrastruktureinrichtungen (GESIS) e.V.
Sprache	deutsch
Kosten	kostenlos
Weiterführende Links	a) Schweizer Kompetenzzentrum Sozialwissenschaften - FORS http://www2.unil.ch/fors b) SOFIS – Social Science Research Information System http://www.gesis.org/en/services/research/sofis-social-science-research-information-system/

Politik

Subject Gateways

Eintrag	**63**
Titel	**Political Resources on the Net**
URL	http://www.politicalresources.net

Beschreibung

Die „Political Resources on the Net" beinhalten eine Auflistung von Links zu politischen Webseiten wie Parteien, Organisationen und Regierungen weltweit. Die Suche erfolgt über die einzelnen Kontinente, mit den zusätzlichen Rubriken „International" und „European Union" (Browsing) und über ein alphabetisches Länderverzeichnis. Als zusätzliches Angebot gibt es die „Electionworld", eine Datenbank, die Informationen zu Wahlen weltweit bietet.

Urheber	Roberto Cicciomessere
Sprache	englisch
Kosten	kostenlos

Eintrag	**64**
Titel	**Virtuelle Fachbibliothek Politikwissenschaft (ViFaPol)**
URL	http://www.vifapol.de

Beschreibung

Die „Virtuelle Fachbibliothek Politikwissenschaft" (ViFaPol) ist ein Rechercheportal für die Politikwissenschaft, inhaltlich unterteilt in die drei Themengebiete Internetquellen (Fachinformation für die Politikwissenschaft), Zeitschriften (Verzeichnis von Online- und Printzeitschriften) sowie Datenbanken (Verzeichnis von Fakten- und Literaturdatenbanken). Für die Suche stehen die Optionen „Systematische Suche" (Recherchieren in den drei Themengebieten, Browsing), „Übergreifende Suche" (Parallele Suche in 24 fachlich relevanten Datenbanken) und „Suchen und Finden" (Unsere Suchwerkzeuge, Tipps & Tricks, Online-Kurs) zur Verfügung.

Urheber	Staats- und Universitätsbibliothek Hamburg Carl von Ossietzky
Sprache	deutsch
Kosten	kostenlos
Weiterführende Links	a) Politikwissenschaft im WWW: http://www.uni-tuebingen.de/uni/spi/urlpool.htm

Lexika, Enzyklopädien, Wörterbücher

Eintrag	**65**
Titel	**Hyperpolitics**
URL	http://www.hyperpolitics.net

Beschreibung

Unter „Hyperpolitics" öffnet sich ein interaktives Lexikon zur Politikwissenschaft. Das Nachschlagewerk besteht aus den vier folgenden Teilen: Definition, Outline (Definitionen zu den einzelnen Konzepten), Sources (Verlinkung mit anderen Lexika und bibliographischen Quellen), Links (systematische Navigation). Über die Zusatzfunktion „Hyperwork" öffnet sich das E-Learningmodul mit der Möglichkeit, selbst eigene Definitionen anzulegen. Die Suche erfolgt über die Rubrik „Web Companion" mittels Stichwortauswahl.

Urheber	Mauro Calise & Theodore J. Lowi
Sprache	englisch
Kosten	kostenlos
Weiterführende	a) Bundeszentrale für politische Bildung - Lexika
Links	http://www.bpb.de/wissen/
	b) Worldstatesmen
	http://worldstatesmen.org

Bibliographien, Datenbanken

Eintrag	**66**
Titel	**Europäisches Dokumentationszentrum (EDZ), Mannheim**
URL	http://www.bib.uni-mannheim.de/bereiche/edz/
	http://www.bib.uni-mannheim.de/463.html

Beschreibung

Das Europäische Dokumentationszentrum (EDZ) der Universitätsbibliothek Mannheim gehört zu einem umfangreichen Informationsnetz von 656 Dokumentationsstellen, die weltweit durch die Europäischen Gemeinschaften geschaffen wurden. Ziel und Hauptaufgabe ist die Bereitstellung und Vermittlung von Informationen über die Europäische Union. Folgende Angebote stehen zur Verfügung: Aktuelles, EU-Institutionen, Virtuelle Volltextbibliothek, Informationsnetze der EU, EU-Programme, Nachrichtendienste, Politikbereiche, Veranstaltungshinweise, Datenbanken, Ausschreibungen, Europa im Internet, Arbeiten in Europa. Die Suche kann nach einzelnen Rubriken vorgenommen werden (Browsing) oder über die Optionen „Suche in der EDZ-Bibliothek" und „Suche auf den Seiten des EDZ".

Urheber	Universitätsbibliothek Mannheim
Sprache	deutsch
Kosten	kostenlos
Weiterführende	a) Europäische Union:
Links	http://www.europa.eu

Eintrag	**67**
Titel	**GPO Access**
URL	http://www.gpoaccess.gov/

Beschreibung

„GPO Access" ist eine Dienstleistung des „U.S. Government Printing Office" und bietet Zugriff auf elektronische Informationen der Bundesregierung Amerikas; bei den Inhalten handelt es sich um die offiziellen publizierten Versionen. Über die „A-Z Resource List" erhält man Zugang zu den Volltexten der offiziellen Publikationen von Legislative, Exekutive und Judikative. Die Suche erfolgt mittels Browsing oder Datenbankabfrage. Der Berichtszeitraum des Datenbestands geht bis 1994 zurück.

Urheber	U.S. Government Printing Office
Sprache	englisch
Kosten	kostenlos
Weiterführende	a) Amtsdruckschriften
Links	http://amtsdruckschriften.staatsbibliothek-berlin.de/
	de/links/internetquellen/
	b) Federal Digital System (FDsys):
	http://www.gpo.gov/fdsys/
	c) Parliamentary Papers
	http://parlipapers.chadwyck.co.uk/

Eintrag	**68**
Titel	**Parlit**
URL	http://www.ipu.org/parlit-e/parlitsearch.asp

Beschreibung

„Parlit" ist eine Datenbank, die Studien, selbständige und unselbständige Literatur zu Rolle, Struktur und Arbeitsmethoden nationaler Parlamente, zu Wahlsystemen, Geschichte und politischer Wissenschaft weltweit verzeichnet. Der Datenbestand ist über eine ausgefeilte Suchoberfläche erschlossen; der Berichtszeitraum beginnt 1992.

Urheber	Inter-Parliamentary Union
Sprache	englisch
Kosten	kostenlos
Weiterführende	a) Web Sites of National Parliaments
Links	http://www.ipu.org/english/parlweb.htm

Eintrag   **69**
Titel   **Political Studies Association**
URL   http://www.psa.ac.uk/

Beschreibung

Die „Political Studies Association" bietet in der Rubrik „Publications" die von ihr herausgegebenen Zeitschriften, die „PSA News", das „Directory of Politics and International Studies" sowie „Conference Proceedings" an. Zu den Zeitschriften gehören „Political Studies", „Political Studies Review", „British Journal of Politics and International Relations", „Politics" und „Political Studies UK", in gedruckter Form oder als Online-Version erhältlich (die Zeitschriften sind alle kostenpflichtig). Kostenlos zugänglich sind die „PSA News" und die „Political Studies Association Conference Proceedings", letztere erschlossen über eine Datenbank (erweiterte Suche oder via Jahr). Der Berichtszeitraum beginnt 1994.

Urheber   Political Studies Association
Sprache   englisch
Kosten   kostenpflichtig und kostenlos

Wirtschaft

Subject Gateways

Eintrag   **70**
Titel   **EconBiz**
URL   http://www.econbiz.de

Beschreibung

„EconBiz" ist die Virtuelle Fachbibliothek Wirtschaftswissenschaften und bietet Zugang zu fachlich relevanten wirtschaftswissenschaftlichen Informationen. Das Angebot ist in folgende Rubriken unterteilt: Internetquellen (Betriebswirtschaftslehre, Volkswirtschaft, Länder, Ressourcentypen, Wirtschaftszweige), Volltexte, insbesondere zur Betriebswirtschaftslehre, Volkswirtschaftslehre sowie EconPapers (Eintrag 75), Elektronische Zeitschriften (frei zugänglich), Kataloge und Datenbanken wie EconPress, ECONIS (Eintrag 74), und andere Dienste (Veranstaltungskalender, Dokumentlieferdienste u.a.). Das Ganze ist über eine Metasuche erschlossen (einfache und erweiterte Suche), die Sachgebiete können jedoch auch einzeln durchsucht werden (Auflistung von Links).

Urheber	Universitäts- und Stadtbibliothek Köln,
	Deutsche Zentralbibliothek für Wirtschaftswissenschaften
Sprache	deutsch
Kosten	kostenlos
Weiterführende	a) Econdoc/Genios
Links	http://www.econdoc.de

Eintrag	**71**
Titel	**World Wide Web Resources in Economics (WebEc)**
URL	http://www.helsinki.fi/WebEc

Beschreibung

„World Wide Web Resources in Economics" (WebEc) ist eine kommentierte Linksammlung fachlich relevanter Angebote zu wirtschaftswissenschaftlichen Informationen. Eine Suche ist nur mittels Browsing möglich.

Urheber	Lauri Saarinen
Sprache	englisch
Kosten	kostenlos
Weiterführende	a) BizEd
Links	http://www.bized.co.uk
	b) NETec
	http://netec.wustl.edu

Lexika, Enzyklopädien, Wörterbücher

Eintrag	**72**
Titel	**The Concise Encyclopedia of Economics (CEE)**
URL	http://www.econlib.org/library/CEE.html

Beschreibung

Diese englische Enzyklopädie der Wirtschaftswissenschaften bietet ausführliche Informationen zu wirtschaftswissenschaftlichen Themen, verfasst von Experten. Der Zugang zu den einzelnen Artikeln erfolgt über ein alphabetisches Verzeichnis via Autor, Titel oder Sachgebiete; über ein Suchinterface wird eine übergeordnete Abfrage ermöglicht. Weitere Rubriken sind „Biographies" (jede Person mit Bild) und ein Index.

Urheber	David R. Henderson
Sprache	englisch
Kosten	kostenlos

| Weiterführende | a) Encyclopedia of Law and Economics: |
| Links | http://encyclo.findlaw.com |

Eintrag	**73**
Titel	**Gabler Wirtschaftslexikon**
URL	http://wirtschaftslexikon.gabler.de/

Beschreibung

Das „Gabler Wirtschaftslexikon", das grösste Wirtschaftslexikon im deutschsprachigen Raum, wird auf dieser Plattform als Online-Ausgabe angeboten. Das Nachschlagewerk vermittelt einen guten Einblick in die Wirtschaftswissenschaften und –praxis. Folgende Inhalte werden abgedeckt: Betriebswirtschaft, Volkswirtschaft, Recht und Steuern. Für die Recherche steht ein Suchfeld mit einfacher und Detailsuche zur Verfügung (Stichwort und Volltext) sowie eine Browsingfunktion (nach Stichwörtern und Autoren). Als Zusatz werden die am häufigsten angeklickten Stichwörter angezeigt.

Urheber	Gabler Verlag, Wiesbaden
Sprache	deutsch
Kosten	kostenlos
Weiterführende	a) Betriebswirtschafts-Lexikon (BWL-Lexikon):
Links	http://www.bwl-institut.ch/?go=lexikon
	b) Markenlexikon
	http://www.markenlexikon.com
	c) Online-Wörterbuch der Wirtschaftswissenschaften
	http://www.odww.de
	d) WidaWiki – das wirtschaftsdidaktische Onlinelexikon
	http://widawiki.wiso.uni-dortmund.de/

Bibliographien, Datenbanken

Eintrag	**74**
Titel	**ECONIS**
URL	http://econis.eu

Beschreibung

„ECONIS" enthält den Datenbestand der Deutschen Zentralbibliothek für Wirtschaftswissenschaften (ZBW) in Kiel; die Literatur (inklusive unselbständiger Literatur) ist ab 1986 verzeichnet. Die älteren Titel sind zurzeit nur teilweise recherchierbar. Integriert ist eine direkte Online-Bestellmöglichkeit über den Katalog in Kiel.

Urheber	Deutsche Zentralbibliothek für Wirtschaftswissenschaften (ZBW), Kiel
Sprache	deutsch
Kosten	kostenlos

Eintrag	**75**
Titel	**EconPapers**
URL	http://econpapers.repec.org

Beschreibung

„EconPapers" bietet Zugriff auf die „Research Papers in Economics" (RePEc), der weltweit grössten Sammlung von Onlinepublikationen zu den Wirtschaftswissenschaften. Unterteilt ist das Angebot in die Rubriken „Working Papers", „Journal Articles" „Software Items", „Books" (Kapitel können einzeln heruntergeladen werden, teilweise kostenpflichtig), „Chapters" (teilweise kostenpflichtig) und „Authors". Der Zugang zu den Inhalten erfolgt über eine alphabetische Auflistung der einzelnen Titel innerhalb der Rubriken und über eine übergeordnete Datenbankabfrage. Ein zusätzlicher Link zu „New Working Papers" führt zu den aktuellsten Einträgen.

Urheber	Sune Karlsson
Sprache	englisch
Kosten	kostenlos, mit wenigen Ausnahmen
Weiterführende Links	a) ePub^{WU}: the institutional repository der Wirtschaftsuniversität Wien http://epub.wu-wien.ac.at/ b) Harvard Business School - Working Papers: http://www.library.hbs.edu/working_papers.html

Eintrag	**76**
Titel	**IDEAS**
URL	http://ideas.uqam.ca

Beschreibung

Mit „IDEAS", einem Angebot der „Research Papers in Economics" (RePEc), verfügt man über die grösste online zugängliche Datenbank zu den Wirtschaftswissenschaften im Internet. Ungefähr zwei Drittel der Inhalte sind im Volltext erhältlich. Die Aufteilung erfolgt nach den Kategorien „Working Papers", „Journals", „Software", „Books", „Chapters" (beides teilweise kostenpflichtig), „Authors" sowie „Institutions". Die Suche geschieht mittels Browsing oder über eine Datenbankabfrage.

Urheber	Christian Zimmermann
Sprache	englisch
Kosten	kostenlos (mit Ausnahmen)

Eintrag	**77**
Titel	**Institut für Weltwirtschaft - Kieler Arbeitspapiere**
URL	http://www.ifw-kiel.de/pub/kap

Beschreibung

Mit den „Kieler Arbeitspapieren" legt das Institut für Weltwirtschaft der Universität Kiel eine wertvolle Sammlung unselbständiger Literatur zu wirtschaftswissenschaftlichen Themen vor. Es wird darauf hingewiesen, dass diese Publikationen inhaltlich den Status einer vorläufigen Fassung einnehmen; als Ausgabeformat werden Abstract und Volltext (PDF) angezeigt. Der Berichtszeitraum erstreckt sich von 1999 bis 2011; zahlreiche Arbeitspapiere aus den Jahren 1973 bis 1998 sind bei RePec (Eintrag 75) zu finden. Die Suche erfolgt mittels Browsing nach Jahr.

Urheber	Institut für Weltwirtschaft, Universität Kiel
Sprache	deutsch, englisch
Kosten	kostenlos

Recht

Subject Gateways

Eintrag	**78**
Titel	**Lawlinks**
URL	http://www.kent.ac.uk/lawlinks/

Beschreibung

Unter den „Lawlinks" findet man eine annotierte Linkliste zu Webseiten mit rechtlichem Inhalt, unterteilt in folgende Rubriken: Gateways, UK resources, UK Government, Special legal topics, Other jurisdictions, European Union, International law, Human rights, Private international law, Legal profession & legal education, Legal publishing, Library catalogues & general resources. Über eine Datenbankabfrage oder mittels Browsing ist der Zugang zu den einzelnen Informationen gewährleistet.

Urheber	The University of Kent at Canterbury
Sprache	englisch
Kosten	kostenlos

Eintrag	**79**
Titel	**Virtuelle Fachbibliothek Recht (ViFa Recht)**
URL	http://www.vifa-recht.de

Beschreibung

Die „Virtuelle Fachbibliothek Recht" (ViFa Recht) bietet Zugang zu rechtswissenschaftlicher Fachliteratur im Internet. Das Portal verfügt bisher über folgende Module: Recherche nach wissenschaftlich relevanten Internetquellen, Recherchemöglichkeiten in den juristischen Beständen der Staatsbibliothek zu Berlin, Suche nach Aufsätzen in juristischen Zeitschriften und Festschriften, Recherche nach elektronischen und gedruckten juristischen Fachzeitschriften, recherchierbare Übersicht von juristischen Datenbanken, Nachweis von gedruckten und online verfügbaren juristischen Bibliographien. Der Zugriff auf die Datenbank erfolgt über eine systematische Suche (Browsing) oder über eine Stichwortsuche.

Urheber	Staatsbibliothek zu Berlin - Preussischer Kulturbesitz
Sprache	deutsch
Kosten	kostenlos
Weiterführende	a) Juristisches Internet-Projekt Saarbrücken
Links	http://www.jura.uni-sb.de

Lexika, Enzyklopädien, Wörterbücher

Eintrag	**80**
Titel	**Everybody's legal Glossary**
URL	http://www.nolo.com/glossary.cfm

Beschreibung

Im „Everybody's legal Glossary" werden Begriffe und Ausdrücke aus der juristischen Fachsprache erklärt. Die Suche erfolgt über ein alphabetisches Verzeichnis der verschiedenen Definitionen oder mittels Datenbankabfrage.

Urheber	Nolo (kanadischer Anbieter von Rechtsinformationen)
Sprache	englisch
Kosten	kostenlos

Eintrag	**81**
Titel	**Lexikon des Rechts**
URL	http://www.digi-info.de/de/netlaw/lexikon/index.php

Beschreibung

Das „Lexikon des Rechts" ist ein Nachschlagewerk, welches Erklärungen zu juristischen Fachbegriffen, Abkürzungen und internetspezifischen Fremdwörtern liefert. Es bietet folgende Rubriken an: Juristische Schlagworte, Juristische Abkürzungen, Gesetzes- und Gerichtsabkürzungen, Zeitschriftenabkürzungen, Internetspezifische Schlagworte. Die Suche innerhalb der Rubriken erfolgt über ein alphabetisches Verzeichnis der einzelnen Begriffe oder übergeordnet mittels Datenbankabfrage.

Urheber	Digitale Informationssysteme GmbH
Sprache	deutsch
Kosten	kostenlos

Bibliographien, Datenbanken

Eintrag	**82**
Titel	**EUR-Lex**
URL	http://www.eurlex.europa.eu

Beschreibung

„EUR-Lex" bietet Zugang zu den Rechtsvorschriften der Europäischen Union. Es können das Amtsblatt der Europäischen Union sowie insbesondere die Verträge, die Rechtsetzungsakte, die Rechtsprechung und die vorbereitenden Rechtsakte konsultiert werden. Bei der Suche in der Datenbank stehen die Optionen „Allgemeine Suche", „Suche mit Nummer des Dokuments", „Suche im Bereich" (Verträge, Rechtsvorschriften, Vorarbeiten u.a.) und „Suche mit Fundstelle" zur Verfügung. Die Daten sind ab 1998 abfragbar.

Urheber	Amt für Veröffentlichungen
Sprache	Sprachen der Europäischen Union
Kosten	kostenlos
Weiterführende	a) Customary international humanitarian law: http://www.icrc.org/customary-ihl/
	b) European Court of Human Rights Portal - HUDOC: http://hudoc.echr.coe.int
	c) Rechtsprechung und Aufsätze zum Völker- und Europarecht (RAVE): http://www.uni-duesseldorf.de/HHU/fakultaeten/jura/rave/

Eintrag	**83**
Titel	**Find Legal Resources**
URL	http://www.loc.gov/law/public/law-guide.html

Beschreibung

„Find Legal Resources" beinhaltet eine kommentierte Linkliste mit fachlich relevanten Angeboten zu Rechts- und Regierungsinformationen im Internet, zusammengestellt von der Law Library of Congress (Law Library of Congress Public Services Division). Die Website ist in folgende Bereiche unterteilt: Collections, Databases and eResources, Global and Comparative Law Resources, Legal Blawgs sowie Legislative Resources. Mittels Browsing oder über ein Suchinterface sind die einzelnen Informationen zugänglich.

Urheber	Law Library of Congress Public Services Division
Sprache	englisch

Kosten   kostenlos
Weiterführende   a) Global Legal Information Network (GLIN)
Links   http://www.glin.gov

Eintrag   **84**
Titel   **Guide to Foreign and International**
                    Legal Databases
URL   http://www.law.nyu.edu/library/foreign_intl/

Beschreibung

Der „Guide to Foreign and International Legal Databases" bietet kommentierte
Linklisten zu fachlich relevanten juristischen Informationen. Das Angebot ist wie
folgt unterteilt: Foreign & International Search Engines, Business, Bankruptcy,
Banking, Finance, Electronic Commerce, Citing Electronic Information, Constitu-
tions, Copyright, Patents and Trademarks, Council of Europe, Dictionaries, Envi-
ronmental Law, European Union, European Commission, Evaluating Legal Databases, Foreign Databases - Collections, Foreign Databases - By Jurisdiction, Human Rights, International Criminal Law, International Law Databases u.a. Die
einzelnen Rubriken sind via Browsing oder Datenbankabfrage zugänglich.

Urheber   New York University Law Library
Sprache   englisch
Kosten   kostenlos

Eintrag   **85**
Titel   **International Labour Organization (ILO)**
URL   http://www.ilo.ch

Beschreibung

Das Hauptziel der Internationalen Arbeitsorganisation (International Labour
Organization, ILO) ist die Verbesserung der Arbeitsbedingungen und des Lebens-
standards in der Welt. Sie gibt mehrere nützliche Publikationen heraus und bietet
über ihre Bibliothek Zugang zu verschiedenen Datenbanken. Zu den sechs wichtigsten Nachweisinstrumenten gehören folgende: CISDOC (selbständige und unselbständige Literatur zu Arbeitssicherheit, herausgegeben vom „International
Occupational Safety and Health Information Centre", CIS), ILOLEX (internationale Arbeitsstandards, mit Volltexten), KILM (The Key Indicators of the Labour,
nur auf CD-ROM erhältlich), Labordoc (Bibliothekskatalog der ILO, enthält selbständige und unselbständige Literatur), Laborsta (Arbeitsstatistik), NATLEX
(nationale Arbeitsgesetze, soziale Sicherheit, Menschenrechte).

Urheber	International Labour Organization (ILO)
Sprache	englisch, französisch, spanisch
Kosten	kostenlos (mit Ausnahmen)

Eintrag	**86**
Titel	**Jura-Lotse**
URL	http://www.jura-lotse.de

Beschreibung

Mit dem „Jura-Lotsen" steht ein juristischer Webkatalog zur Verfügung, der kommentierte Linklisten zu folgenden Themengebieten verzeichnet: Aktuelles, Anwaltssuche, Diverses, Gerichte, Gesetze, Jura-Studium, Rechtsanwälte, Rechtsgebiete, Rechtsreferendariat, Skripte, Urteile, Verwaltung. Erhältlich ist ebenfalls ein Newsletter. Die Suche erfolgt mittels Browsing oder über eine Datenbankabfrage.

Urheber	Dr. Andreas Heim
Sprache	deutsch
Kosten	kostenlos
Weiterführende	a) Gesetze
Links	http://www.gesetze.ch
	b) Gesetze im Internet
	http://www.gesetze-im-internet.de
	c) Rechtsinformationssystem Bundesgesetzblätter
	http://www.ris.bka.gv.at/bgbl/
	d) Sammlung Schweizerischer Rechtsquellen (SSRQ)
	http://www.ssrq-sds-fds.ch/online/
	e) Weblaw
	http://www.weblaw.ch

Erziehung, Schul- und Bildungswesen

Subject Gateways

Eintrag	**87**
Titel	**Deutsches Institut für Internationale**
	Pädagogische Forschung (DIPF)
URL	http://www.dipf.de

Beschreibung

Das Deutsche Institut für Internationale Pädagogische Forschung (DIPF) bietet relevante Fachinformationen sowie Untersuchungen zur Gestaltung und Nutzung von Informationsdienstleistungen im Bildungswesen. Es unterhält mehrere wichtige Datenbanken und Portale zu Bildung und Erziehungswissenschaft: Deutscher Bildungsserver (Eintrag 87a), Bildung Plus (Bildungsreform, Qualität im Bildungswesen), Lesen in Deutschland, InfoWeb Weiterbildung, Zeitungsdokumentation Bildungswesen (ZEIT-DOK), Fachportal Pädagogik (Eintrag 88), FIS Bildung Literaturdatenbank (Eintrag 94), Informationssystem Medienpädagogik (ISM) (Eintrag 94a), Bildung weltweit, Bildungssysteme International, Pedagogical and Educational Research Information Network for Europe (PERINE, Eintrag 93a). Ein wichtiger Bereich des DIPF ist auch die Bildungsgeschichte; dafür stehen die „Pictura Paedagogica Online" - PPO (Virtuelles Bildarchiv zur Bildungsgeschichte), die „Scripta Paedagogica Online" - SPO (Digitales Textarchiv zur Bildungsgeschichte), die „Historische Bildungsforschung Online" - HBO (Website für die bildungshistorische Forschung). Die Datenbanken sind einzeln durchsuchbar (keine Metasuchmöglichkeit).

Urheber	Deutsches Institut für Internationale
	Pädagogische Forschung (DIPF)
Sprache	deutsch
Kosten	kostenlos (mit Ausnahmen)
Weiterführende	a) Deutscher Bildungsserver
Links	http://www.bildungsserver.de

Eintrag	**88**
Titel	**Fachportal Pädagogik**
URL	http://www.fachportal-paedagogik.de

Beschreibung

Mit dem „Fachportal Pädagogik" steht ein zentraler Einstiegspunkt in die pädagogische Fachinformation zur Verfügung (selbständige, unselbständige Literatur, Volltexte usw.). Ein Brachenverzeichnis bietet Zugang zu fachsystematischen Kontextinformationen über Personen, Institutionen und Projekte. Die verschiedenen Datenbanken können einzeln oder über eine Metasuche abgefragt werden.

Urheber	Deutsches Institut für Internationale Pädagogische Forschung (DIPF)
Sprache	deutsch
Kosten	kostenlos

Eintrag	**89**
Titel	**GEM - The Gateway to Educational Materials**
URL	http://thegateway.org/

Beschreibung

Hinter „GEM - The Gateway to Educational Materials" steht ein Konsortium mit dem Ziel, qualitativ hochwertige, geprüfte Fachinformationen zu bildungsrelevanten Themen für Lehrer zusammenzustellen. Die Inhalte sind über eine Browsingfunktion und mittels Datenbankabfrage verfügbar.

Urheber	GEM Consortium (Information Institute of Syracuse at Syracuse University, Information School at the University of Washington u.a.)
Sprache	englisch
Kosten	kostenlos

Lexika, Enzyklopädien, Wörterbücher

Eintrag	**90**
Titel	**The Encyclopedia of Educational Technology (EET)**
URL	http://eet.sdsu.edu/

Beschreibung

Die „Encyclopedia of Educational Technology" (EET) ist ein Nachschlagewerk zu den Sachgebieten Erziehung, Lehren und Unterricht. Sie enthält kurze Artikel, angereichert mit multimedialen Elementen, und dient vor allem als Einstieg in die Thematik. Die Suche erfolgt über eine alphabetische Auflistung der einzelnen Stichwörter oder über eine Datenbankabfrage.

Urheber	Bob Hoffman, San Diego State University
Sprache	englisch
Kosten	kostenlos
Weiterführende	a) Enzyklopädie Erziehungswissenschaft Online (EEO)
Links	http://www.erzwissonline.de/
	b) Wörterbuch Erwachsenenbildung
	http://www.wb-erwachsenenbildung.de

Bibliographien, Datenbanken

Eintrag	**91**
Titel	**British Education Index**
URL	http://www.leeds.ac.uk/bei/index.html

Beschreibung

Über den „British Education Index" kann die Volltextdatenbank „Education-line" abgerufen werden, die relevante Fachinformationen zu den Erziehungswissenschaften nachweist (Kongressbeiträge, Arbeitspapiere, selbständige und unselbständige Literatur). Die Suche bietet die Optionen „Browse Thesaurus", „Browse the Index" und „Advanced Query". Der Berichtszeitraum geht auf 1997 zurück.

Urheber	University of Leeds
Sprache	englisch
Kosten	kostenlos

Eintrag	**92**
Titel	**ERIC Database**
URL	http://www.eric.ed.gov/

Beschreibung

Die „ERIC Database" ist eine der wichtigsten Datenbanken zu den Erziehungswissenschaften, herausgegeben vom Education Resources Information Center. Der

Datenbestand ist über eine einfache und über eine fortgeschrittene Suche erschlossen, zusätzlich steht ein Thesaurus zur Verfügung. Über „MyERIC" hat man Zugang zu personalisierbaren Dienstleistungen. Der Berichtszeitraum beginnt 1966, aus den Jahren 1993–2004 sind auch Volltexte frei verfügbar.

Urheber	Education Resources Information Center
Sprache	englisch
Kosten	kostenlos
Weiterführende	a) Teacher Reference Center
Links	http://www.teacherreference.com

Eintrag	**93**
Titel	**Eurydice**
URL	http://www.eurydice.org

Beschreibung

„Eurydice" ist ein Informationsnetz zum Bildungswesen in Europa, das verlässliche und vergleichbare Daten zu den europäischen Bildungssystemen und -politiken bereitstellt, insbesondere indem es Publikationen zur Organisation der Bildungssysteme, Indikatoren und vergleichende Studien zu spezifischen Themen herausgibt. Zusätzliches Angebot ist die „Eurypedia: The European Encyclopedia on National Education Systems".

Urheber	Europäische Kommission
Sprache	englisch und Landessprache des beschriebenen Landes
Kosten	kostenlos
Weiterführende	a) PERINE: Pedagogical and Educational
Links	Research Information Network for Europe
	http://www.perine.eu

Eintrag	**94**
Titel	**FIS Bildung**
URL	http://www.fis-bildung.de

Beschreibung

Das Fachinformationssystem (FIS) Bildung des Deutschen Instituts für Internationale Pädagogische Forschung (DIPF) bietet mit der gleichnamigen Literaturdatenbank „FIS Bildung" Zugang zu selbständiger und unselbständiger Literatur aus dem Bildungswesen; die Aktualisierung geschieht vierteljährlich. Die Recherche erfolgt über eine einfache und erweiterte Suche mit einem ausgefeilten Interface; eine Abfrage kann gezielt nach Volltexten, verschiedenen Sprachen und Dokumenttyp vorgenommen werden. Die Datenbank ist in die Plattform des „Fachportals Pädagogik" (Eintrag 88) integriert.

Urheber	Institut für Internationale Pädagogische Forschung (DIPF)
Sprache	deutsch
Kosten	kostenlos
Weiterführende	a) Informationssystem Medienpädagogik (ISM)
Links	http://www.ism-info.de

Eintrag	**95**
Titel	**Sonderpädagogische Datenbanken (SoDa)**
URL	http://www.erzwiss.uni-hamburg.de/SoDa/

Beschreibung

Unter dem Namen „Sonderpädagogische Datenbanken" (SoDa) sind folgende Angebote zusammengefasst: Sonderpädagogische Literatur - SoLi (selbständige und unselbständige Literatur, graue Literatur zu Behindertenpädagogik und Integrationspädagogik, 1989–), Sonderpädagogisches Lexikon - SoLex, Sonderpädagogische Links - SoLinks, Sonderpädagogische Hausarbeiten - SoHaus (Dokumentation des Instituts für Behindertenpädagogik), Sonderpädagogische Tests - SoTest (Pädagogische und psychologische Testverfahren für den Einsatz in sonderpädagogischen Arbeitsfeldern) und Sonderpädagogische Texte - SoText (sonderpädagogisch relevante Volltexte). Die Datenbanken sind nur einzeln durchsuchbar.

Urheber	Hans Wocken, Universität Hamburg
Sprache	deutsch
Kosten	kostenlos
Weiterführende	a) Schweizerische Zentralstelle für Heilpädagogik (SZH)
Links	http://www.szh.ch

Eintrag	**96**
Titel	**VET-Bib**
URL	http://libserver.cedefop.europa.eu/F

Beschreibung

Mit „VET-Bib" unterhält das „European Centre for the Development of Vocational Training" (Cedefop) laut Website die grösste bibliographische Datenbank zur Berufsausbildung in Europa. Erschlossen werden selbständige und unselbständige Publikationen (Fachartikel, Konferenzbeiträge, Studien, Webseiten, graue Literatur usw.) zu folgenden Themenbereichen: Ausbildungssysteme, Qualifikationen und Kompetenzen, Lebenslanges Lernen, European Qualifications

Framework (EQF) u.a. Der Berichtszeitraum wird mit einer Zeitspanne von „mehr als 20 Jahren zurückliegend" angegeben. Die Suche erfolgt über die zwei Hauptkategorien „VET-eLib" (Volltextdokumente) und über „VET-iR" (Internetressourcen, Datenbanken, Portale). Das Eingabefeld besteht aus einer einfachen und einer erweiterten Rechercheoberfläche, die Browsingfunktion führt zum alphabetischen Index. Als zusätzliche Angebote finden sich „VETAlert" (monatliche Zusammenstellung relevanter Publikationen zur Berufsausbildung), „Online bibliographies" sowie der „European training thesaurus" (ETT). Der „Library and Documentation Reference Service: Ask the VET Expert!" ermöglicht eine Anfrage per E-Mail, Telefon oder Fax.

Urheber	European Centre for the Development of Vocational Training (Cedefop)
Sprache	mehrere Sprachen
Kosten	kostenlos
Weiterführende Links	a) bifo:dok : Projekte Bildungsforschung in Österreich http://www.adulteducation.at/de/bifodok b) Schweizerischer Dokumentenserver Bildung http://www.edudoc.ch

Ethonologie, Völkerkunde

Subject Gateways

Eintrag	**97**
Titel	**Anthropology Resources on the Internet**
URL	http://www.aaanet.org/resources

Beschreibung

Auf dieser Website bietet die „American Anthropological Association" (AAA) eine Fülle an qualitativ hochwertigen Informationsressourcen zur Anthropologie und verwandten Gebieten. Diese kommentierte Linksammlung kann mittels Browsing durchsucht werden. Zusätzlich steht ein Recherchefeld zur Verfügung.

Urheber	American Anthropological Association (AAA)
Sprache	englisch
Kosten	kostenlos

Eintrag	**98**
Titel	**Virtuelle Fachbibliothek Ethnologie (EVIFA)**
URL	http://www.evifa.de

Beschreibung

Die „Virtuelle Fachbibliothek Ethnologie" (EVIFA) bietet volks- und völkerkundliche Fachinformationen für die wissenschaftliche Recherche im Internet. Das Portal ist in folgende vier Hauptbereiche unterteilt: Ethno-Guide (kommentierte Linksammlung zur Ethnologie), Metasuche (Recherche in verschiedenen Bibliothekskatalogen und Datenbanken, Internationale Volkskundliche Bibliographie (IVB) - Online (1985–1998), Zeitschriften-Inhaltsdienst, Journals, EVIFA-LOTSE-Online-Kurs, News & Jobticker. Neben der Metasuche gibt es zusätzlich die Möglichkeit des Browsings nach Quellentypen und des Browsings im Themenregister sowie die Recherche im Ethno-Guide (einfach und erweitert).

Urheber	Universitätsbibliothek der Humboldt-Universität zu Berlin, Berlin
Sprache	deutsch
Kosten	kostenlos

Lexika, Enzyklopädien, Wörterbücher

Eintrag	**99**
Titel	**Dictionary of anthropology**
URL	http://www.anthrobase.com/Dic/eng/index.html

Beschreibung

Dieses Lexikon enthält Definitionen zu anthropologischen Begriffen und Biographien von berühmten Anthropologen und deckt folgende Bereiche ab: General, Phenomena, Subsystems, Regions, Schools und Timelines. Die Suche ist nur mittels Browsing möglich.

Urheber	Kari Helene Partapuoli und Finn Sivert Nielsen
Sprache	englisch
Kosten	kostenlos

Bibliographien, Datenbanken

Eintrag	**100**
Titel	**German Anthropology-Online (GAO)**
URL	http://www.anthropology-online.de/

Beschreibung

„German Anthropology-Online" (GAO) beinhaltet englische Zusammenfassungen zu deutschsprachigen anthropologischen Publikationen (Deutschland, Österreich, Schweiz). Die Suche erfolgt über Browsing innerhalb der einzelnen Jahre; der Berichtszeitraum erstreckt sich von 1999 bis zurzeit 2009.

Urheber	Ulrich Oberdiek und Frank Sommer
Sprache	englisch
Kosten	kostenlos
Weiterführende Links	a) AnthroBase.com: http://www.anthrobase.com/ b) Ethnologue: http://www.ethnologue.com

Sprache/Linguistik, Literaturwissenschaft

Subject Gateways

Eintrag	**101**
Titel	**Anglo-American Culture & History: Literature Guide**
URL	http://www.anglistikguide.de
	http://aac.sub.uni-goettingen.de/literatur/guide/

Beschreibung

Der Anglo-American Culture & History - Literature Guide ist eine Linksammlung fachlich relevanter Informationen zu anglo-amerikanischer Sprache und Literatur im Internet. Er beinhaltet folgende übergeordnete Fachgebiete: englische Philologie, Commonwealth, Amerikanische Philologie, Keltische Sprachen und Literaturen. Der Zugriff auf die Datenbank erfolgt über ein einfaches Suchfeld.

Urheber	Niedersächsische Staats- und Universitätsbibliothek Göttingen
Sprache	englisch
Kosten	kostenlos

Eintrag	**102**
Titel	**Germanistik im Internet**
URL	http://www.erlangerliste.de/
	http://www.erlangerliste.de/ressourc/liste.html

Beschreibung

Diese Einstiegsseite zur Germanistik im Internet bietet ausgesuchte, fachlich geprüfte Informationen rund ums Thema Germanistik, bestehend aus den Abteilungen „Institute und Institutionen", „Ressourcen", „Epochen", „Digitale Texte", „Literatur-Archive", „Pixel Pegasus" (Literaturmagazine, Kultursendungen online u.a.), „Recherchieren", „wichtige Kontexte" (Bibliotheksgeschichte, Buchkunst, Medien u.a.). Die Inhalte in den einzelnen Rubriken sind über Browsing oder über eine Volltextsuche auf der Website zugänglich. Weitere Links führen zu einer Auflistung verschiedener Lexika und zu den Spezialangeboten „Parodien und Travestien" (Textsammlung) und zur „Erlanger Digitalen Edition" (Beiträge zur Literatur- und Sprachwissenschaft).

Urheber	Friedrich-Alexander-Universität Erlangen-Nürnberg,
	Institut für Germanistik
Sprache	deutsch
Kosten	kostenlos

Eintrag	**103**
Titel	**Linguist List**
URL	http://linguistlist.org

Beschreibung

Die „Linguist List" versteht sich als die weltweit grösste Sammlung fachlich relevanter linguistischer Ressourcen im Internet und verzeichnet Informationen zu
Sprache und Sprachanalyse. Sie unterhält eine eigene Mailingliste und bietet zusätzlich Zugang zu ca. 100 weiteren linguistischen Mailinglisten und deren Archive. Die Website ist in folgende Abteilungen gegliedert: People & Organizations,
Jobs, Calls & Conferences, Publications, Language Resources, Text & Computer
Tools, Teaching & Learning, Mailing Lists, Search. Die Suche bietet die Optionen
„subject language", „linguistics subfield" und „keyword".

Urheber	Eastern Michigan University, Department
	of English Language and Literature
Sprache	englisch
Kosten	kostenlos

Eintrag	**104**
Titel	**LINSE – Linguistik-Server Essen**
URL	http://www.linse.uni-essen.de/linse/index.php

Beschreibung

Auf dem „Linguistik-Server Essen" (LINSE) findet man eine äusserst umfangreiche Linkzusammenstellung zu allen Themen rund um die Linguistik (Allgemein-
bildung, Computerlinguistik, Gegenwartssprache allgemein, Gesprächsforschung,
Grammatik, Hypertext-Bibliographie, Internet, Lernsoftware, Lexikographie,
Literaturwissenschaft, Pragmatik u.a.). Das Angebot ist über eine Auflistung der
einzelnen Beiträge innerhalb der Themen und über ein Suchinterface erschlossen;
die „LINSE-Linkdatenbank" bietet ausgewählte und meist kommentierte Links zu
Sprachwissenschaft und verwandten Themen. Zusätzlich ist eine Mailingliste
verfügbar (LINSE-List).

Urheber	Universität Duisburg-Essen, Fachbereich
	Geisteswissenschaften, Germanistik, Linguistik
Sprache	deutsch
Kosten	kostenlos

Eintrag	**105**
Titel	**Virtuelle Fachbibliothek Romanistik - ViFaRom**
URL	http://www.guiderom.de/

Beschreibung

Die „Virtuelle Fachbibliothek Romanistik" (ViFaRom) bietet Zugang zu fachlich relevanten Informationen und Dokumenten der Französischen Sprach- und Literaturwissenschaft, der Okzitanistik und der Allgemeinen Romanistik. Die Inhalte gliedern sich in die Bereiche „Führer zu den fachspezifischen Internet-Ressourcen" (GuideRom), „Neuerwerbungslisten" sowie Zeitschriften und Aufsätze, Fachdatenbanken und Bibliographien. Im „GuideRom" steht eine thematische Suche sowie eine Datenbank mit einfacher, erweiterter und Indexsuche zur Verfügung. Über eine Metasuche kann zudem im ganzen Angebot recherchiert werden.

Urheber	Universitäts- und Landesbibliothek Bonn
Sprache	deutsch
Kosten	kostenlos
Weiterführende	a) Biblioteca virtual:
Links	http://www.bv.fapesp.br/
	b) Cibera
	http://www.cibera.de
	c) Romanistik
	http://www.romanistik.de

Lexika, Enzyklopädien, Wörterbücher

Eintrag	**106**
Titel	**Aphorismen**
URL	http://www.aphorismen.de

Beschreibung

Auf dieser Website findet man eine umfangreiche Sammlung von Aphorismen zu Themen von Abendmahl bis Zynismus. Jedes Thema kann via Datenbankabfrage erschlossen werden (Suche nach Autor und/oder Textstelle). Weitere Rubriken sind „Geschichten", „Bauernweisheiten", „Gedichte", alle gleich aufgebaut und suchbar wie die Aphorismen. Ein Lexikon mit Ausdrücken aus der Zitatenwelt rundet das Ganze ab (dies nur via Browsing zugänglich).

Urheber	Willy Meurer
Sprache	deutsch

Kosten	kostenlos
Weiterführende	a) Phrasen.com
Links	http://www.phrasen.com
	b) Redensarten-Index
	http://www.redensarten-index.de
	c) Sprichwort-Plattform:
	http://www.sprichwort-plattform.org
	d) Zitate
	http://www.zitate.eu/

Eintrag	**107**
Titel	**Basislexikon zur literaturwissenschaftlichen Terminologie**
URL	http://fernuni-hagen.de/EUROL/termini/welcome.html

Beschreibung

Dieses Basislexikon besteht aus neun inhaltlichen Ebenen: 1. Figurenlehre und Stilistik, 2. Metrik – Verse – Reime – Strophen, 3. Grundbegriffe der Rhetorik, 4. uneigentliches Sprechen, 5. literaturtheoretische Grundbegriffe, 6. Klassifikationen von Literatur, 7. zur Lyrik, 8. zur Dramatik, 9. zur erzählenden Literatur. Durch Anklicken öffnen sich für jede Ebene weitere Unterrubriken bis zu den eigentlichen Stichwörtern des Lexikons. Neben diesem Browsing nach Stichwörtern erfolgt der Zugriff über einen Index mit einer Schlüsselwortsuche.

Urheber	Uwe Spörl
Sprache	deutsch
Kosten	kostenlos
Weiterführende	a) a.k.a. – also known as
Links	http://www.trussel.com/books/aka.htm
	b) Kürschners Deutscher Literatur-Kalender:
	http://www.degruyter.de/cont/fb/nw/kuerschLk/
	kdlkLinksW.cfm

Eintrag	**108**
Titel	**Deutsches Wörterbuch**
	von Jacob Grimm und Wilhelm Grimm
URL	http://www.dwb.uni-trier.de

Beschreibung

Die Website bietet Zugang zum „Deutschen Wörterbuch von Jacob und Wilhelm Grimm", publiziert beim S. Hirzel-Verlag, Leipzig, in den Jahren 1854-1960 (16 Bände in 32 Teilbänden, Quellenverzeichnis 1971). Die Suche erfolgt über ein alphabetisches Stichwortverzeichnis oder mittels Datenbankabfrage (Optionen: Volltext, Stichwort, Verszitat).

Urheber	Kompetenzzentrum für elektronische Erschliessungs- und Publikationsverfahren in den Geisteswissenschaften, Universität Trier
Sprache	deutsch
Kosten	kostenlos
Weiterführende Links	a) Grammatisch-kritisches Wörterbuch der Hochdeutschen Mundart (Johann Christoph Adelung) http://lexika.digitale-sammlungen.de/adelung/online/angebot b) Mittelhochdeutsche Wörterbücher im Verbund http://www.mwv.uni-trier.de c) Wörterbuch-Portal: http://www.woerterbuch-portal.de

Eintrag	**109**
Titel	**Digitales Wörterbuch der deutschen Sprache des 20. Jahrhunderts (DWDS)**
URL	http://www.dwds.de

Beschreibung

Aufbauend auf dem sechsbändigen Wörterbuch der deutschen Gegenwartssprache (WDG) wird im Projekt „Digitales Wörterbuch" ein digitales Wörterbuchsystem entwickelt. Für die Recherche steht ein einfaches Suchfeld mit den Optionen „Wörterbücher" (u.a. Etymologisches Wörterbuch, Openthesaurus), „Referenz-korpora", „Zeitungskorpora" sowie „Spezialkorpora" zur Verfügung. Die Treffer-liste kann in verschiedenen Sichten (z.B. Sicht „Zeitungskorpora") angezeigt werden.

Urheber	Berlin-Brandenburgische Akademie der Wissenschaften
Sprache	deutsch
Kosten	kostenlos
Weiterführende Links	a) Dictionnaire Electronique des Synonymes (DES) http://www.crisco.unicaen.fr/des/synonymes/ b) Duden: http://www.duden.de c) Synonyms.net http://www.synonyms.net d) Wortschatz-Lexikon http://www.wortschatz.uni-leipzig.de/

Eintrag	**110**
Titel	**Etymologie**
URL	http://www.etymologie.info/~e/

Beschreibung

Unter „Etymologie" findet man ein umfangreiches Wörterverzeichnis mit der entsprechenden Erklärung zu Herkunft und Geschichte der einzelnen Wörter. Die Suche erfolgt über eine alphabetisch geordnete Wortliste oder mittels Datenbankabfrage. Über den Etymologie-Newsletter erhält man zusätzliche Informationen zu Wortgeschichten, Link- und Buchtipps.

Urheber	Horst Conrad
Sprache	deutsch
Kosten	kostenlos
Weiterführende Links	a) Online Etymology Dictionary: http://www.etymonline.com/

Eintrag	**111**
Titel	**Online-Lexikon der Gebärdensprache**
URL	http://signsuisse.sgb-fss.ch/

Beschreibung

Dieses interaktive Lexikon der Gebärdensprache enthält die drei Gebärdensprachen der Schweiz: deutschschweizerische Gebärdensprache (DSGS), Langue des Signes Française (LSF-CH) und Lingua Italiana dei Segni (LIS-CH). Die Recherche erfolgt über ein einfaches Suchformular für jede Sprache einzeln oder über alle Sprachen zusammen. Zusätzlich kann nach aktuellen oder archivierten Gebärden gesucht werden.

Urheber	Schweizerischer Gehörlosenbund SGB-FSS
Sprache	deutsch, französisch, italienisch
Kosten	kostenlos
Weiterführende Links	a) SignLibrary http://www.signlibrary.eu

Eintrag	**112**
Titel	**OWID - Online-Wortschatz-Informationssystem Deutsch**
URL	http://www.owid.de

Beschreibung

Hinter „OWID" verbirgt sich ein deutsches Lexikonportal, bestehend aus zurzeit vier verschiedenen Wörterbüchern: elexiko (Wörterbuch zum Deutschen) (Eintrag 112a), Neologismen, Feste Wortverbindungen sowie Schulddiskurs 1945–55 (Schulddiskurs im ersten Nachkriegsjahrzehnt). Zusätzlich ist die „Online-Bibliografie zur elektronischen Lexikografie" (OBELEX) integriert. Gesucht werden kann in den Lexika über ein einfaches und erweitertes Suchfeld und über eine Stichwortliste.

Urheber	Institut für Deutsche Sprache (IDS), Mannheim
Sprache	deutsch
Kosten	kostenlos
Weiterführende	a) elexiko
Links	http://www.elexiko.de

Eintrag	**113**
Titel	**Sprachnudel**
URL	http://www.sprachnudel.de

Beschreibung

Die „Sprachnudel", das Wörterbuch der Jetztsprache, verfolgt das Ziel, sprachliche Trends zu sammeln und zu erschliessen, diejenigen Wörter zu verzeichnen, die nicht im Duden stehen. Zu entdecken gibt es u.a. die Rubriken „Topliste", „Flopliste", „Neuste Wörter" und „zufälliges Wort". Der Nutzer kann selbst eigene Worterfindungen beisteuern. Über ein einfaches Suchinterface kann im Wörterbuch und im Synonymwörterbuch recherchiert werden, das Wörterbuch kann zusätzlich über eine Stichwortliste abgefragt werden.

Urheber	WEB´arbyte GbR
Sprache	deutsch
Kosten	kostenlos
Weiterführende	a) Lexikon der bedrohten Wörter
Links	http://www.bedrohte-woerter.de
	b) Urban Dictionary
	http://www.urbandictionary.com/

Eintrag	**114**
Titel	**Travlang Translating Dictionaries**
URL	http://dictionaries.travlang.com

Beschreibung

„Travlang Translating Dictionaries" bietet verschiedene Sprachdienstleistungen im Internet an. Die herausragendsten darunter sind die Übersetzungswörterbücher in mehr als 35 Sprachen und das Angebot „Foreign Languages for Travelers". Es kann in jedem Wörterbuch einzeln recherchiert werden oder übergeordnet, mit Eingabe von Ausgangs- und Zielsprache. „Translation Freelancers" und „Conference Interpreters" ermöglicht eine Suche nach Übersetzern.

Urheber	Travlang
Sprache	verschiedene
Kosten	kostenlos
Weiterführende	a) Langenscheidt Fremdwörterbuch online
Links	http://www.langenscheidt.de/
	b) Linguee
	http://www.linguee.de
	c) World Atlas of Language Structures (WALS)
	http://wals.info/

Bibliographien, Datenbanken

Eintrag	**115**
Titel	**Bibliographie der Deutschen Sprach- und Literaturwissenschaft (BDSL)**
URL	http://www.bdsl-online.de

Beschreibung

Die „Bibliographie der Deutschen Sprach- und Literaturwissenschaft" (BDSL) ist die wichtigste bibliographische Informationsquelle auf dem Gesamtgebiet der Germanistik, Schwerpunkt Literaturwissenschaft. Seit 1957 wird sie in gedruckter Form herausgegeben, elektronisch verfügbar ist sie seit 2004 (online im Internet). Der recherchierbare Datenbestand im Internet umfasst die Jahre ab 1985; das Angebot von 1985–1995 ist kostenlos suchbar, ab 1996 ist eine Lizenz erforderlich. Für die Suche ist ein ausgefeiltes Interface verfügbar.

Urheber	Universitätsbibliothek Johann Christian Senckenberg, Frankfurt am Main
Sprache	deutsch
Kosten	kostenlos (1985–1995), kostenpflichtig

Weiterführende Links	a) IASLonline (Internationales Archiv für Sozialgeschichte der deutschen Literatur) http://iasl.uni-muenchen.de/ b) Klassik online: Internationale Bibliographie zur deutschen Klassik 1750 – 1850 (IBK): http://opac.ub.uni-weimar.de/LNG=DU/DB=4.2/ c) Systematischer Index zu deutschsprachigen Rezensionszeitschriften des 18. Jahrhunderts (IdRZ 18): http://idrz18.adw-goettingen.gwdg.de/

Eintrag	**116**
Titel	**BL Online - The bibliographical database of linguistics**
URL	http://www.brill.nl

Beschreibung

Die „BL online - The bibliographical database of linguistics" verzeichnet selbständige und unselbständige wissenschaftliche Literatur zu allen Gebieten der Linguistik und allen Sprachen der Welt. Aufgenommen sind Publikationen ab dem Berichtsjahr 1993; Aktualisierungen erfolgen zehnmal jährlich. Die Datenbank bietet eine einfache und eine ausgefeilte erweiterte Suche an.

Urheber	Brill-Verlag, Leiden
Sprache	englisch
Kosten	kostenpflichtig
Weiterführende Links	a) BLLDB - Bibliography of Linguistic Literature (BLL) http://www.blldb-online.de

Eintrag	**117**
Titel	**Innsbrucker Zeitungsarchiv zur deutsch- und fremdsprachigen Literatur (IZA)**
URL	http://iza.uibk.ac.at/

Beschreibung

Die Zeitungsausschnittsammlung des Innsbrucker Zeitungsarchivs zur deutsch- und fremdsprachigen Literatur (IZA) umfasst etwa 1 Mio. Artikel aus den Bereichen Literatur, Sprache, Theater, vertonte und verfilmte Literatur. Das Angebot ist unterteilt in einen Alt- und einen Neubestand; im Altbestand findet man Artikel von 1960 bis September 2000, im Neubestand Artikel seit Oktober 2000, einzeln oder als Gesamtbestand recherchierbar. Gesucht werden kann nach Titel, Person oder Schlagwort; Artikel und Bilder können getrennt abgefragt werden.

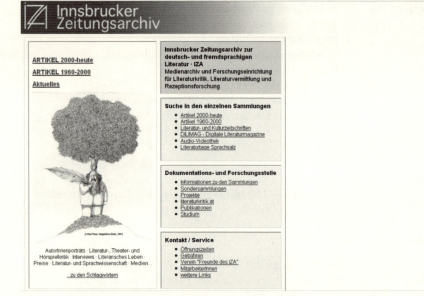

Urheber	Universität Innsbruck, Institut für deutsche Sprache, Literatur und Literaturkritik
Sprache	deutsch
Kosten	kostenlos (Volltext teilweise kostenpflichtig)
Weiterführende	a) dilimag – Digitale Literaturmagazine
Links	http://dilimag.literature.at/

Eintrag	**118**
Titel	**LiberLey**
URL	http://www.liberley.it

Beschreibung

Bei den „LiberLey" findet man Links zu Online-Texten der deutschen und ins Deutsch übersetzten Literatur. Das Angebot gliedert sich in die Rubriken „Autoren chronologisch", „Autoren nach Sprachen", „Deutschsprachige Autoren" sowie „Übersetzte Autoren". Zugänglich sind die Inhalte einzig über Browsing.

Urheber	Helmut Schulze
Sprache	deutsch
Kosten	kostenlos
Weiterführende	a) Autoren
Links	http://www.antiquariat-ffm.de/autoren.htm
	b) Freiburger Anthologie (1720 – 1900)

http://www.freiburger-anthologie.de
c) Lyrikline
http://www.lyrikline.de

Mathematik

Subject Gateways

Eintrag	**119**
Titel	**Math Forum**
URL	http://mathforum.org/library

Beschreibung

Das „Math Forum" ist eine Forschungsabteilung der Drexel University und besteht aus einer umfangreichen kommentierten Linkzusammenstellung an fachlich relevanten Informationen zu allen Gebieten der Mathematik. Die Hauptangebote sind „Mathematics Topics", „Resource Types", „Mathematics Education Topics" sowie „Education Levels", unterteilt in weitere Unterrubriken. Die Suche erfolgt mittels Browsing über ein detailliertes Inhaltsverzeichnis (Full Table of Contents) oder mittels Datenbankabfrage, die verschiedene hilfreiche Rechercheoptionen enthält (wie z.B. Schulstufe oder Sprache).

Urheber	Math Forum
Sprache	englisch
Kosten	kostenlos
Weiterführende	a) Eric Weisstein's World of Science
Links	http://scienceworld.wolfram.com/
	b) MathDL
	http://www.mathdl.org/

Eintrag	**120**
Titel	**vifamath - Virtuelle Fachbibliothek Mathematik**
URL	http:// vifamath.de

Beschreibung

Die Virtuelle Fachbibliothek Mathematik (vifamath) bietet einen zentralen Sucheinstieg zu qualitativ hochstehenden und geprüften Quellen zu mathematikspezifischen Themen. Folgende Rubriken stehen zur Auswahl: Kataloge, Reviews, Online-Dokumente, Internetressourcen, Zeitschriftenliste, historische Mathematik sowie Mathematiker. Die Recherche kann über eine thematische und über eine Volltextsuche durchgeführt werden.

Urheber	Niedersächsische Staats- und Universitätsbibliothek Göttingen, Göttingen
Sprache	deutsch
Kosten	kostenlos
Weiterführende Links	a) The European Mathematical Information Service (EMIS) http://www.emis.de/ b) GetInfo (Eintrag 146) http://www.getinfo-doc.de c) Mathguide http://www.mathguide.de

Lexika, Enzyklopädien, Wörterbücher

Eintrag	**121**
Titel	**Mathe Genie**
URL	http://www.mathe-genie.de/

Beschreibung

Beim „Mathe Genie" handelt es sich um ein Mathematik-Lexikon mit kurzen Begriffserklärungen. Die Inhalte sind auf eine jüngere Zielgruppe zugeschnitten (Schüler). Da sich das Lexikon noch im Aufbau befindet, sind noch nicht zu allen Buchstaben Einträge vorhanden. Die Suche erfolgt über eine alphabetische Liste mittels Browsing.

Urheber	Adeos Media, Laichingen
Sprache	deutsch
Kosten	kostenlos

Eintrag	**122**
Titel	**The Wolfram Functions Site**
URL	http://functions.wolfram.com/

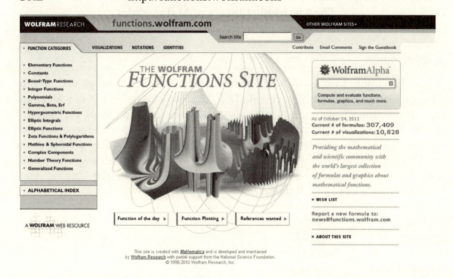

Beschreibung

„The Wolfram Functions Site" ist eine mathematische Formelsammlung, unterteilt in 14 verschiedene Kategorien. In der Rubrik „Visualizations" werden die einzelnen Formeln graphisch dargestellt. Erschlossen ist die Website über einen alphabetischen Index und ein Suchformular.

Urheber	Wolfram Research, Inc
Sprache	englisch
Kosten	kostenlos
Weiterführende	a) Formelsammlung
Links	http://www.formel-sammlung.de
	b) WolframAlpha
	http://www.wolframalpha.com

Bibliographien, Datenbanken

Eintrag   **123**
Titel   **The Electronic Library of Mathematics**
URL   http://www.math.ethz.ch/EMIS/ELibM.html

Beschreibung

In der „Electronic Library of Mathematics" findet man selbständige und unselbständige Literatur aus der Mathematik. Das Angebot ist unterteilt in die Abteilungen „Proceedings/Collections", „Monographs and Lecture Notes", „Classical
Works, Selecta, and Opera Omnia", „Software and Other Special Electronic Resources" sowie „Directories of Mathematical Monographs and Lecture Notes on
the Web". Ein weiterer Link führt zu einer alphabetischen Auflistung von mathe-
matischen Zeitschriften. Für die Recherche bietet sich nur der Zugang über
Browsing in den einzelnen Rubriken an.

Urheber   European Mathematical Society (EMS)
Sprache   englisch
Kosten   kostenlos
Weiterführende   a) emani
Links   http://www.emani.org
                 b) MPRESS - MathNet preprints
                 http://mathnet.preprints.org/
                 c) Zentralblatt MATH
                 http://www.emis.de/ZMATH/en/

Eintrag   **124**
Titel   **Mathematics WWW Virtual Library**
URL   http://www.math.fsu.edu/Virtual/

Beschreibung

Die „Mathematics WWW Virtual Library" besteht aus verschiedenen Angeboten
zur Mathematik, darunter u.a. elektronische Zeitschriften, Newsgroups, Preprints,
Bibliographien. Die Rubrik „Bibliographien" listet diverse Verzeichnisse auf,
darunter auch einige zu Spezialthemen wie z.B. eine „Bernoulli Bibliography".
Die Suche erfolgt nur über eine alphabetisch geordnete Liste der Bibliographien.

Urheber   Florida State University, Department of Mathematics
Sprache   englisch
Kosten   kostenlos

Physik

Subject Gateways

Eintrag	**125**
Titel	**PhysNet**
URL	http://de.physnet.net/PhysNet/

Beschreibung

Das „PhysNet" versteht sich als „the worldwide Network of Physics Departments and Documents" und bietet verschiedene Dienstleistungen an: PhysDep (Verzeichnis der Physik-Institutionen weltweit), PhysDoc (Preprints, Forschungs-, Jahresberichte u.a.), Journals, Conferences, Workshops and Summer Schools, Education (Seminare, Visualisationen, Demonstrationen u.a.), Links. Die Suche in den einzelnen Rubriken erfolgt mittels Browsing.

Urheber	Institute for Science Networking Oldenburg GmbH
Sprache	englisch
Kosten	kostenlos
Weiterführende	a) Pro-physik
Links	http://www.pro-physik.de

Eintrag	**126**
Titel	**Spectrum of physics**
URL	http://www.physics-directory.com/

Beschreibung

„Spectrum of physics" zeichnet sich durch eine umfangreiche Linksammlung zu allen Bereichen der Physik aus und ist in 15 Hauptkategorien gegliedert (darunter z.B. „Einstein", „quantum theory" u.a.). Ergänzend dazu gibt es die Rubriken „physics news" sowie „new links" und „communication". Der Zugriff erfolgt über ein einfaches Suchfeld und mittels Browsing.

Urheber	Administrator, dessen Name nicht explizit genannt wird
Sprache	englisch
Kosten	kostenlos
Weiterführende	a) Physics
Links	http://www.physics.org

Eintrag	**127**
Titel	**Virtuelle Fachbibliothek Physik (ViFaPhys)**
URL	http://www.vifaphys.de/

Beschreibung

Mit der „Virtuellen Fachbibliothek Physik" (ViFaPhys) findet man Zugang zu fachlich geprüften Inhalten aus der Welt der Physik. Das Angebot besteht aus folgenden Abteilungen: Fachinformationsführer, einer kommentierten Sammlung ausgewählter und von Experten evaluierter Informationsquellen für Physiker, Metasuche (parallele Recherche in Datenbanken) und einer Zusammenstellung physikrelevanter Datenbanken.

Urheber	Technische Informationsbibliothek (TIB), Hannover
Sprache	deutsch
Kosten	kostenlos
Weiterführende	a) GetInfo (Eintrag 146)
Links	http://www.getinfo-doc.de

Lexika, Enzyklopädien, Wörterbücher

Eintrag	**128**
Titel	**Physics Daily**
URL	http://www.physicsdaily.com

Beschreibung

Unter „Physics Daily" hat der Nutzer Zugriff auf eine Physikenzyklopädie, die sich in drei Teile gliedert: Navigationsmenu, zentrale Theorien, Hauptabteilungen, alles mittels Browsing erschlossen. Ein Suchfeld ermöglicht die einfache Suche.

Urheber	Physics Daily
Sprache	englisch
Kosten	kostenlos
Weiterführende	a) Eric Weisstein´s World of Physics
Links	http://scienceworld.wolfram.com/physics/
	b) Formelsammlung (Eintrag 122a)
	http://www.formel-sammlung.de

Eintrag	**129**
Titel	**Physlink**
URL	http://www.physlink.com

Beschreibung

„Physlink" ist eine Einstiegsseite zu Physik und Astronomie und verwandten Gebieten und bietet qualitativ hochwertige Informationsressourcen. Folgende Rubriken stehen zur Auswahl: Education, Reference (physikalische Konstanten, Formeln u.a.), Directory (Universitäten, Institute, Laboratorien usw.) sowie weitere vorwiegend der Kommunikation dienende Features. Die Suche erfolgt via Browsing in den einzelnen Rubriken oder via Datenbankabfrage.

Urheber	Anton Skorucak
Sprache	englisch
Kosten	kostenlos

Bibliographien, Datenbanken

Eintrag   **130**
Titel   **E-print Network**
URL   http://eprints.osti.gov

Beschreibung

Das „E-print Network", eine Forschungsgemeinschaft von Wissenschaftlern und Ingenieuren, ermöglicht den Zugang zu elektronischen Publikationen (E-Prints) aus Wissenschaft und Technik. An zusätzlichen Dienstleistungen gibt es ein Verzeichnis wissenschaftlicher Gesellschaften und Berufsorganisationen sowie einen Alertingdienst. Die Inhalte sind via Datenbankabfrage (ausgefeilte Suchoptionen) und über eine themenbezogene Suche mittels Browsing erschlossen.

Urheber   Office of Scientific & Technical Information (OSTI),
                U.S. Department of Energy
Sprache   englisch
Kosten   kostenlos

Eintrag   **131**
Titel   **SPIRES High-Energy Physics Literature Database**
URL   http://www.slac.stanford.edu/spires/

Beschreibung

Die „SPIRES High-Energy Physics Literature Database" verzeichnet selbständige und unselbständige Literatur sowie Graue Literatur (inklusive Preprints, E-Prints) zum Sachgebiet Hochenergiephysik. Der Zugriff auf die Inhalte erfolgt über eine einfache und erweiterte Suche sowie über einen Index (Autor, Titel, Länder, Experimente u.a.). Der Berichtszeitraum beginnt bei 1974. Über die gleiche Website sind zusätzlich noch folgende Datenbanken zugänglich: HepNames (High-Energy Physics Directory), Institutions (High-Energy Physics Institutions Database), Conferences (High-Energy Physics Conferences Database), Experiments (High-Energy Physics Experiments Database) und Videos (High-Energy Physics Video Database).

Urheber   Stanford Linear Accelerator Center
Sprache   englisch
Kosten   kostenlos
Weiterführende a) Physical Review Online Archive (PROLA)
Links   http://prola.aps.org/

Chemie

Subject Gateways

Eintrag	**132**
Titel	**Fachinformationszentrum Chemie GmbH (FIZ Chemie)**
URL	http://www.fiz-chemie.de/

Beschreibung

Die Inhalte des Fachinformationszentrums Chemie GmbH sind sehr vielfältig: neben den zwei Hauptangeboten "Chemische Daten" und "Education & Training" gibt es z.B ein Video der Woche und vieles andere mehr. Erschlossen ist das Ganze durch eine einfache Suche.

Urheber	Fachinformationszentrum Chemie GmbH (FIZ Chemie), Berlin
Sprache	deutsch
Kosten	kostenlos
Weiterführende Links	a) Chem.de http://www.chem.de b) GetInfo (Eintrag 146) http://www.getinfo-doc.de

Eintrag	**133**
Titel	**Links for Chemists**
URL	http://www.liv.ac.uk/Chemistry/Links/link.html

Beschreibung

Die „Links for Chemists" gehören zur „WWW Virtual Library" (Sektion Chemie) und beinhalten eine Fülle an fachlich hochwertigen qualitätsgeprüften Informationen zum Sachgebiet Chemie. Die Gliederung erfolgt nach den Kriterien „University Chemical Departments", „Companies / Industry", "Chemical Literature", „Chemical Information", „Organisations", „Topics" und „Other Links Sites", unterteilt in weitere Rubriken. Für die Suche steht das Browsing oder eine Stichwortsuche zur Verfügung.

Urheber	University of Liverpool, Department of Chemistry
Sprache	englisch
Kosten	kostenlos
Weiterführende Links	a) Chemdex http://www.chemdex.org

Lexika, Enzyklopädien, Wörterbücher

Eintrag	**134**
Titel	**ChemLin - Chemie im Ganzen**
URL	http://www.internetchemie.info

Beschreibung

Das Ziel von „ChemLin" ist es, als Schwerpunkt Informationen der Reinen und Angewandten Chemie anzubieten. Zu finden sind insbesondere die Rubrik „Chemie A bis Z" mit folgenden Inhalten: Index Chemie, Fachbücher Chemie, Internet ChemieLexikon, Produkte und Firmen. Jede Abteilung ist über eine Browsingfunktion und eine Datenbankabfrage erschlossen. Zusätzlich existiert eine Tabelle mit genauen Beschreibungen der chemischen Elemente. In der Rubrik „Chemie aktuell" (deutsche und englische Chemie News, Forschungsartikel, Stellenmarkt Chemie) runden aktuelle Themen das Ganze ab.

Urheber	Andreas Jaeck, Oldenburg
Sprache	deutsch
Kosten	kostenlos
Weiterführende	a) ChemgaPedia
Links	http://www.chemgapedia.de
	b) Formelsammlung (Eintrag 122a)
	http://www.formel-sammlung.de
	c) WebElements Periodic table
	http://www.webelements.com/

Bibliographien, Datenbanken

Eintrag	**135**
Titel	**ChemWeb**
URL	http://www.chemweb.com

Beschreibung

Neben vielen nützlichen Informationen zum Sachgebiet Chemie bietet „ChemWeb" in der Rubrik „Databases" eine Liste verschiedener Datenbanken zu chemierelevanten Themen. Die einzelnen Einträge enthalten eine kurze Inhaltsbeschreibung; die meisten Angebote sind kostenpflichtig. Der „Alchemist" ist ein kostenloser Newsletter, der abonniert werden kann.

Urheber	ChemIndustry.com Inc.
Sprache	englisch
Kosten	kostenpflichtig/kostenlos

Eintrag	**136**
Titel	**National Institute of Standards and**
	Technology (NIST) Data Gateway
URL	http://srdata.nist.gov/

Beschreibung

Über das „NIST Data Gateway" stehen zahlreiche wissenschaftliche und technische Datenbanken aus den verschiedenen Wissenschaftsgebieten zur Verfügung (vor allem Datenbanken zu Substanzen). Die Suche kann in jeder Datenbank einzeln erfolgen.

Urheber	National Institute of Standards and Technology (NIST)
Sprache	englisch
Kosten	kostenlos/kostenpflichtig

Eintrag	**137**
Titel	**PubChem**
URL	http://pubchem.ncbi.nlm.nih.gov/

Beschreibung

Mit „PubChem" stellt die National Library of Medicine eine Datenbank zur Verfügung, in der nach chemischen Substanzen und Strukturen von Molekülen gesucht werden kann. Folgende Optionen können ausgewählt werden: PubChem Compound (Zusammensetzung chemischer Strukturen), PubChem Substance (chemische Substanzen), PubChem BioAssay (biologische Proben), Structure Search (Struktursuche).

Urheber	National Library of Medicine (NLM)
Sprache	englisch
Kosten	kostenlos
Weiterführende	a) Toxnet, Toxicology Data Network
Links	http://toxnet.nlm.nih.gov/

Biowissenschaften, Biologie

Subject Gateways

Eintrag	**138**
Titel	**ben - BiosciEdNet**
URL	http://www.biosciednet.org/portal/

Beschreibung

Die National Science Digital Library (NSDL) bietet hier Zugriff auf eine nationale digitale Bibliothek für die Biowissenschaften, Zielgruppe sind Unterrichtende. Neben der üblichen Datenbankabfrage (einfache Suche) gibt es eine Browsingfunktion (nach Fachgebiet, Ressourcentyp und Unterrichtsstufe).

Urheber	BiosciEdNet (BEN)
Sprache	englisch
Kosten	kostenlos
Weiterführende	a) intute - Biological Sciences
Links	http://www.intute.ac.uk/biologicalsciences
	b) intute - Medicine
	http://www.intute.ac.uk/medicine

Eintrag	**139**
Titel	**Virtuelle Fachbibliothek Biologie - vifabio**
URL	http://www.vifabio.de

Beschreibung

Mit der „Virtuellen Fachbibliothek Biologie" (vifabio) öffnet sich ein Portal zu qualitativ hochstehender und gesicherter biologischer Fachinformation, gegliedert in die folgenden Rubriken: virtueller Katalog (Suche in Bibliothekskatalogen, bibliographischen Datenbanken, Internetquellen und Volltexten), Internetquellen-Führer (Suche via Datenbank und Browsing), E-Zeitschriften, Datenbank-Führer, vifabioDOC (Dokumentenserver und Publikationsplattform zur Biologie), Weiteres (BioLib, Eintrag 145a, Übersicht zu Digitalisierungsprojekten historischer Literatur, myCCBio - der Alertingdienst für Zeitschriftenartikel aus der Biologie). Die Suche kann über ein Eingabefeld mit einfacher und erweiterter Option entweder im virtuellen Katalog oder in den erschlossenen Internetquellen durchgeführt werden.

Urheber	Universitätsbibliothek Johann Christian Senckenberg, Frankfurt am Main
Sprache	deutsch
Kosten	kostenlos
Weiterführende Links	a) Biolinks: http://www.biolinks.de/

Eintrag	**140**
Titel	**Virtuelle Fachbibliothek Veterinärmedizin (ViFaVet***)*
URL	http://elib.tiho-hannover.de/virtlib/

Beschreibung

Die „Virtuelle Fachbibliothek Veterinärmedizin" (ViFaVet) bietet Zugang zu fachlich relevanten und hochwertigen Informationsquellen der Veterinärmedizin, unterteilt in die Hauptbereiche „Suche in den ViFaVet-Daten" (nur Index-Suche, Index-Browsing), „Fachinformationsführer", „Fachdatenbanken", „Online-Contents Veterinärmedizin", „Volltexte" sowie „Bibliothekskatalog"; eine zusätzliche interessante Dienstleistung ist das sogenannte „anuvet", eine Veterinärsuchmaschine, die zurzeit im Aufbau begriffen ist. Die Suche erfolgt über die einzelnen Rubriken, meist mittels Browsing; eine Datenbankabfrage ist möglich bei den „Online-Contents Veterinärmedizin" (kostenpflichtig) und beim Bibliothekskatalog. Die Angebote dieser Website befinden sich alle noch im Aufbau.

Urheber	Bibliothek der Tierärztlichen Hochschule Hannover
Sprache	deutsch
Kosten	kostenlos (mit Ausnahmen)
Weiterführende Links	a) Vetion - Internetportal für Tiergesundheit und Tiermedizin http://www.vetion.de

Lexika, Enzyklopädien, Wörterbücher

Eintrag	**141**
Titel	**Botany - Encyclopedia of Plants**
URL	http://www.botany.com/

Beschreibung

In diesem Pflanzenlexikon findet man umfassende Informationen zu den verschiedenen Themen rund um den Gartenbau wie Beschreibungen der einzelnen Pflanzenarten, Angaben zu Aussaat u.a. Den Kern der Website bilden die fünf Bereiche „Common Names", „Botanical Names", „Dictionary" (Lexikon botanischer Ausdrücke), „Pest & Diseases" und „Gardens, Associations & Societies". Jedes Angebot ist über eine alphabetische Liste durchsuchbar.

Urheber	Botany.com
Sprache	englisch
Kosten	kostenlos
Weiterführende	a) FloraWeb
Links	http://www.floraweb.de
	b) KATALYSE - Umweltlexikon
	http://www.umweltlexikon-online.de
	c) Plants for a Future
	http://www.pfaf.org/

Eintrag	**142**
Titel	**Tierlexikon**
URL	http://www.zoo.ch/

Beschreibung

Das vom Zoo Zürich erstellte Tierlexikon bietet spannende Informationen über die Zootiere und deren Lebensweise. Für jedes Tier existiert eine kurze Beschreibung, meist mit Bild, sowie ein Steckbrief, der weiterführende Angaben wie Verwandtschaft, Lebensraum, Gewicht u.a. enthält. Gesucht werden kann über eine alphabetische Liste oder mittels Datenbankabfrage.

Urheber	Zoo Zürich
Sprache	deutsch
Kosten	kostenlos
Weiterführende	a) Tierlexikon.ch
Links	http://www.tierlexikon.ch
	b) ZooWiSo – Zoowissen online
	http://www.zoowiso-os.de

Bibliographien, Datenbanken

Eintrag	**143**
Titel	**Animal Diversity Web (ADW)**
URL	http://animaldiversity.ummz.umich.edu/

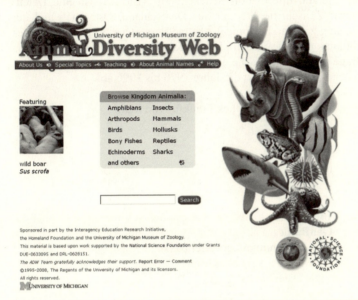

Beschreibung

Mit dem „Animal Diversity Web" (ADW) stellt die Universität Michigan eine Datenbank zur Verfügung, die Auskunft gibt über Geschichte, Vorkommen und Biologie der Tiere. Die Datenbank enthält Klassifikationslisten sowie mehrere tausend Beschreibungen von einzelnen Tierarten, dargestellt mit informativem Text, Bildern, Photos von lebenden Tieren, teilweise sogar mit Film- und Tonbeispielen. In einem virtuellen Museum kann der Websitebesucher Bilder von diversen Tierschädeln ansehen. Zusätzlich werden Unterrichtsmaterialien für verschiedene Schulstufen angeboten. Die Abfrage erfolgt über eine Suchmaske mit einfacher und erweiterter Suche.

Urheber	Universität Michigan
Sprache	englisch
Kosten	kostenlos

Eintrag	**144**
Titel	**Biologische Literatur-Information Senckenberg (BioLIS)**
URL	http://biolis.ub.uni-frankfurt.de/

Beschreibung

Die „Biologische Literatur-Information Senckenberg" (BioLIS) ist eine Datenbank zu biologischer Zeitschriftenliteratur aus Deutschland, Österreich und der Schweiz. In Ergänzung zu den „Biological Abstracts" wertet sie Zeitschriften des deutschen Sprachraums aus, die in den „Biological Abstracts" nicht erfasst werden. Für die Abfrage steht eine einfache und erweiterte Suche zur Verfügung. Der Berichtszeitraum der Datenbank deckt die Jahre 1970 bis 1996 ab.

Urheber	Universitätsbibliothek Frankfurt am Main
Sprache	deutsch
Kosten	kostenlos
Weiterführende	a) Biolib
Links	http://www.biolib.de

Eintrag	**145**
Titel	**GenBank**
URL	http://ncbi.nlm.nih.gov/Genbank/

Beschreibung

„GenBank" ist der Name der genetischen Sequenzdatenbank, welche von den National Institutes of Health (NIH) angeboten wird; sie gehört zu den zahlreichen Dienstleistungen des National Center for Biotechnology Information. Die Datenbank ist Teil der „International Nucleotide Sequence Database Collaboration" und enthält alle öffentlich zugänglichen DNA-Sequenzen. Die Suche lässt sich über verschiedene Tools ausführen; sie gestaltet sich jedoch für Laien auf dem Gebiet der Genetik ziemlich komplex.

Urheber	National Center for Biotechnology Information (NCBI)
Sprache	englisch
Kosten	kostenlos

Technik, Ingenieurwissenschaften

Subject Gateways

Eintrag	**146**
Titel	**GetInfo**
URL	http://www.getinfo-doc.de

Beschreibung

„GetInfo" bietet eine Vielzahl einschlägiger Datenbanken mit dem Ziel, umfassende und qualifizierte Informationen für Technik und Naturwissenschaften bereitzustellen. Es ist eine Kooperation der deutschen Fachinformationszentren und der Technischen Informationsbibliothek Hannover. Eine Standard- und eine erweiterte Suche mit Datenbankauswahl sowie eine datenbankübergreifende Suche ermöglichen die Literaturrecherche.

Urheber	Technische Informationsbibliothek (TIB)
Sprache	deutsch
Kosten	kostenlos (Suche), Volltexte kostenpflichtig
Weiterführende	a) Virtuelle Fachbibliothek Technik (ViFaTec)
Links	http://vifatec.tib.uni-hannover.de/

Eintrag	**147**
Titel	**TechXtra**
URL	http://www.techxtra.ac.uk/

Beschreibung

„TechXtra" bietet als Subject Gateway zu Ingenieur- und Computerwissenschaften sowie Mathematik eine themenspezifische Zusammenstellung von Links, Portalen, Webseiten, Datenbanken, selbständiger und unselbständiger Literatur, Reports usw. Für die Recherche steht eine einfache und erweiterte Suchfunktion zur Verfügung.

Urheber	Heriot-Watt University Library
Sprache	englisch
Kosten	kostenlos
Weiterführende	a) AERADE
Links	http://aerade.cranfield.ac.uk/

Lexika, Enzyklopädien, Wörterbücher

Eintrag	**148**
Titel	**How stuff works**
URL	http://www.howstuffworks.com

Beschreibung

„How stuff works" bietet gut aufbereitete aufschlussreiche Informationen zur Funktionsweise von Alltagsgegenständen und zu Fragen verschiedenster Ausrichtung. Es stehen diverse Rubriken zur Auswahl: Auto Stuff, Science Stuff, Health Stuff, Entertainment Stuff, Computer Stuff, Electronics Stuff u.a. Die Beiträge enthalten Bilder und teilweise interaktive Elemente. Die Suche erfolgt über eine Datenbank (für die einzelnen Rubriken) oder über eine übergeordnete Suche.

Urheber	HowStuffWorks, Inc.
Sprache	englisch
Kosten	kostenlos

Bibliographien, Datenbanken

Eintrag	**149**
Titel	**Arxiv**
URL	http://www.arxiv.org

Beschreibung

„Arxiv" ist eine Datenbank, die E-Prints für die Fachgebiete Mathematik, Physik, Biologie und Computerwissenschaften zur Verfügung stellt. Der Zugang erfolgt über eine Browsingfunktion in den einzelnen Rubriken und mittels Datenbankabfrage (einfache und erweiterte Suche). Der Berichtszeitraum ist nicht für alle Fachgebiete identisch; er beginnt meist 1994 bzw. 1995, einzelne Archive sind bereits seit 1991 abfragbar.

Urheber	Cornell University Library
Sprache	englisch
Kosten	kostenlos
Weiterführende	a) ARIBIB : **A**stronomisches **R**echen-**I**nstitut
Links	**BIB**liographical Database for Astronomical References
	http://www.ari.uni-heidelberg.de/aribib/

Eintrag	**150**
Titel	**esp@cenet**
URL	http://www.espacenet.ch

Beschreibung

Der Name „esp@cenet" steht für eine Patentdatenbank, welche von der Schweiz und anderen Mitgliedern der Europäischen Patentorganisation erstellt wird. Den Anbietern ist es wichtig darauf hinzuweisen, dass mit diesem Instrument lediglich ein erster Eindruck über die Art des Wissens in den Patentdokumenten gewonnen werden kann, dass dies keineswegs die Recherche eines Patentexperten ersetzen kann. Das Angebot bietet Zugriff auf einen weltweiten Fundus von Patenten, technischen Entwicklungen und Erfindungen seit 1836 bis heute. Folgende Datenbanken stehen für die Suche zur Auswahl: Europäisches Patentregister (alle öffentlich zugänglichen Informationen über europäische Patentanmeldungen), Europäischer Publikationsserver (Statistiken, Konkordanzlisten, nicht veröffentlichte Schriften u.a.), Europäisches Patentblatt (bibliographische Daten und Rechtsstandsdaten zu europäischen Patentanmeldungen und Patenten, verfügbar ab 31. Dezember 2008). Die Recherche in der Patentdatenbank kann in deutscher, englischer oder französischer Sprache durchgeführt werden, zur Verfügung steht eine Kurz- und eine erweiterte Suche, zusätzlich gibt es eine Nummern- sowie eine Klassifikationssuche. Als weitere Dienstleistungen bietet die Website folgende Angebote: Patentinformation aus Asien, Patentinformationszentren (in der Rubrik Patentrecherche), Recht & Praxis (Rechtstexte), News & Themen (z.B. Europäischer Erfinderpreis), Lernen & Veranstaltungen.

Urheber	Europäische Patentorganisation, München
Sprache	verschiedene Sprachen
Kosten	kostenlos
Weiterführende	a) United States Patent and Trademark Office (USPTO)
Links	http://www.uspto.gov/

Eintrag	**151**
Titel	**Fraunhofer-Publica**
URL	http://publica.fhg.de

Beschreibung

Die Datenbank „Fraunhofer-Publica" weist selbständige und unselbständige Publikationen und Dokumente sowie Graue Literatur aller Institute und Forschenden der Fraunhofer-Gesellschaft nach. Inhaltlich werden vorwiegend technische Fachgebiete abgedeckt. Für die Recherche steht eine einfache und eine erweiterte Suche sowie eine Browsingfunktion nach Institut/Forschungsgebiet zur Verfügung.

Urheber	Fraunhofer-Gesellschaft
Sprache	deutsch
Kosten	kostenlos
Weiterführende	a) Hochschulbibliographie der RWTH Aachen
Links	http://www.bth.rwth-aachen.de/hss.html

Eintrag	**152**
Titel	**Office of Scientific & Technical Information - OSTI**
URL	http://www.osti.gov

Beschreibung

Das "Office of Scientific and Technical Information" (OSTI) bietet mit diesem Angebot Zugang zu wissenschaftlichen Informationen des U.S. Department of Energy. Neben den "DOE Collections" und den "U.S. Federal Agencies" kann man zwischen den "Global Databases", den "Customized Resources" und den "Journal Sources" auswählen. Eine einfache Suche steht zur Verfügung.

Urheber	Office of Scientific & Technical Information (OSTI)
Sprache	englisch
Kosten	kostenlos
Weiterführende	a) Full Text Reports
Links	http://www.fulltextreports.com
	b) OpenGrey : System for Information on Grey Literature
	in Europe
	http://www.opengrey.eu

Medizin, Gesundheit

Subject Gateways

Eintrag	**153**
Titel	**MedPilot**
URL	http://www.medpilot.de

Beschreibung

„MedPilot" bietet als virtuelle Fachbibliothek Medizin Zugang zu hochwertigen fachlich relevanten Informationen und Datenbanken zum Fachgebiet Medizin und zu verwandten Disziplinen wie u.a. Psychologie, Pharmazie. Die Recherche erfolgt über eine einfache und eine Profisuche; gesucht werden kann in den einzelnen Datenbanken separat oder übergeordnet über alle Datenbanken.

Urheber	Deutsche Zentralbibliothek für Medizin (ZB MED), Köln
	Deutsches Institut für Medizinische Dokumentation und
	Information (DIMDI), Köln
Sprache	deutsch
Kosten	kostenlos
Weiterführende	a) Virtuelle Fachbibliothek Pharmazie (ViFaPharm)
Links	http://www.vifapharm.de/

Eintrag	**154**
Titel	**intute - Medicine**
URL	http://www.intute.ac.uk/medicine

Beschreibung

„intute - Medicine" bietet qualitativ hochwertige fachlich relevante Internetressourcen zu Medizin und Gesundheit, einschliesslich Zahnmedizin, an. Der Datenbestand kann mittels Browsing oder über eine Datenbankabfrage (einfach und erweitert) durchsucht werden. Das Angebot wird seit Juli 2011 nicht mehr aktualisiert (siehe: Einführung zur Neuauflage).

Urheber	The Intute Consortium
Sprache	englisch
Kosten	kostenlos

Lexika, Enzyklopädien, Wörterbücher

Eintrag	**155**
Titel	**Lifeline - Gesundheit im Internet**
URL	http://www.lifeline.de

Beschreibung

Auf der Website „Lifeline - Gesundheit im Internet" stellen verschiedene Ärzte medizinische Dienstleistungen wie z.B. eine Hausapotheke, Expertenrat von medizinischen Fachpersonen, ein Krankheitslexikon u.a. zur Verfügung. Sie weisen dabei explizit darauf hin, dass die Inhalte auf „Lifeline" rein informativen Zwecken gelten und einen Arztbesuch nicht ersetzen können. Die Suche auf der Website erfolgt mittels Datenbankabfrage, in einzelnen Rubriken (wie z.B. im Krankheitslexikon) ist lediglich eine Browsingfunktion vorhanden.

Urheber	BSMO Business Solutions Medicine Online GmbH, Berlin
Sprache	deutsch
Kosten	kostenlos

Eintrag	**156**
Titel	**Onmeda**
URL	http://www.onmeda.de

Beschreibung

„Onmeda" wurde bereits 1997 unter dem Namen „Medicine-Worldwide" von Fachärzten der Berliner Charité-Klinik und Wissenschaftlern des Berliner Max-Planck-Instituts gegründet. Ziel der Website ist es, von Fachleuten aufbereitete, qualitativ hochwertige medizinische Informationen zur Verfügung zu stellen, die für Laien verständlich sind. Neben diversen Angeboten wie „Gesund leben", „Ernährung", „Zahnmedizin" u.a. sind die verschiedenen Lexika besonders empfehlenswert: Lexikon der Anatomie & Physiologie, Nährstofflexikon, Krankheitserreger, Lexikon der Sexualität, Lexikon der Strahlenmedizin, Lexikon der Persönlichkeiten, Heilpflanzenlexikon. Gesucht werden kann mittels Datenbankabfrage, übergeordnet über alle Themenbereiche, und mit einer Browsingfunktion.

Urheber	Onmeda, Köln, verantwortlich: Marc Schmitz
Sprache	deutsch
Kosten	kostenlos
Weiterführende	a) Beckers Abkürzungslexikon medizinischer Begriffe
Links	http://www.medizinische-abkuerzungen.de/
	b) Flexikon : das Medizinlexikon zum Mitmachen
	http://flexikon.doccheck.com/

Bibliographien, Datenbanken

Eintrag	**157**
Titel	**CCMed - Current Contents Medizin**
URL	http://www.medpilot.de

Beschreibung

Mit „CCMed - Current Contents Medizin" bietet die Deutsche Zentralbibliothek für Medizin eine Datenbank an, die Artikel aus deutschsprachigen oder in Deutschland erschienenen Zeitschriften mit medizinischem und gesundheitsrelevantem Inhalt nachweist (dies sind ca. 650 verschiedene Titel). Es werden vor allem Zeitschriften ausgewertet, welche nicht in den Datenbanken „Medline" und „Embase" verzeichnet werden. Die Suche erfolgt über das Interface der Datenbank „Medpilot"; der Berichtszeitraum beginnt mit dem Jahr 2000.

Urheber	Deutsche Zentralbibliothek für Medizin, Köln
Sprache	deutsch
Kosten	kostenlos
Weiterführende	a) CAMbase - complementary and alternative medicine
Links	http://www.cambase.de/

Eintrag	**158**
Titel	**Healthline**
URL	http://www.healthline.com/

Beschreibung

„Healthline" rühmt sich, „the Web´s Best Health Information" zu bieten und informiert über alle gesundheitsrelevanten Themen. Der Aufbau des Angebots gliedert sich in fünf Rubriken: Health A to Z, Healthy Living, Check your symptoms,

Drugs & Treatments, Find a Doctor. Für die Suche stehen die vier Optionen „Symptom Search", „Treatment Search", „Doctor Search" und „Drug Search" zur Verfügung, die mittels Datenbank oder Liste mit vorgegebenen Stichwörtern abgefragt werden können. Die „Drug Search" bietet zudem Zugriff auf Tools zur Tablettenidentifizierung (Drug Interaction Checker, Pill Identifier und Drug Compare). Es wird ausdrücklich darauf hingewiesen, dass die Website Informationszwecken dient, nicht als Ersatz für eine Arztkonsultation angesehen werden darf.

Urheber	Healthline Networks, Inc.
Sprache	englisch
Kosten	kostenlos
Weiterführende	a) Everyday Health
Links	http://www.everydayhealth.com/
	b) Gesundheit.de:
	http://www.gesundheit.de
	c) MedHist
	http://www.intute.ac.uk/medhist
	d) Medizinindex
	http://www.medizinindex.de

Eintrag	**159**
Titel	**HECLINET (Health Care Literature Information Network)**
URL	http://www.heclinet.tu-berlin.de/

Beschreibung

Hinter dem Namen „HECLINET", dem „Health Care Literature Information Network", verbirgt sich das Dokumentations- und Informationssystem zu den Fachgebieten „Krankenhaus- und Gesundheitswesen" sowie „Pflege", erstellt von der Universitätsbibliothek der Technischen Universität Berlin. Die Dokumentation wird seit März 2001 nicht mehr weitergeführt. die Datenbank wird seitdem vom Deutschen Institut für Medizinische Dokumentation und Information (DIMDI) angeboten. Die Recherche wird über ein Interface mit erweiterten Suchfunktionalitäten ermöglicht. Der Berichtszeitraum des Datenbestandes beläuft sich auf die Jahre 1969–2001; für neuere und aktuelle Literatur empfiehlt sich z.B. der Bibliothekskatalog der Caritas-Bibliothek (Eintrag 159b).

Urheber	Universitätsbibliothek der Technischen Universität Berlin
Sprache	deutsch, englisch
Kosten	kostenlos
Weiterführende	a) Bibnet
Links	http://bibnet.org
	b) Caritas-Bibliothek
	http://www.caritasbibliothek.de/

Eintrag	**160**
Titel	**PubMed**
URL	http://www.pubmed.gov

Beschreibung

„PubMed" ist eines von mehreren Datenbankangeboten der National Library of Medicine und enthält selbständige und unselbständige Literatur zu den Biowissenschaften und der Medizin, inklusive Links zu Volltexten. Für die Suche mit einfachem und erweitertem Eingabefeld kann zwischen verschiedenen Möglichkeiten ausgewählt werden: Journals Database, MeSH Database (Medical Subject Headings), Clinical Trials (Eintrag 160a), Single Citation Matcher, Batch Citation Matcher, Clinical Queries, Topic-Specific Queries. Der Berichtszeitraum beginnt bei 1950.

Urheber	National Library of Medicine
Sprache	englisch
Kosten	kostenlos
Weiterführende	a) ClinicalTrials
Links	http://www.clinicaltrials.gov
	b) Cochrane-Reviews (CDSR) und Cochrane (DARE)
	http://www.thecochranelibrary.com
	c) National Center for Complementary and
	Alternative Medicine:
	http://nccam.nih.gov/

Landwirtschaft

Subject Gateways

Eintrag	**161**
Titel	**Agriculture Network Information Center, AgNIC**
URL	http://www.agnic.org

Beschreibung

Das „Agriculture Network Information Center" (AgNIC) stellt mit diesem Angebot umfassende qualitativ hochwertige und fachlich relevante Informationen zu

Themen rund um die Landwirtschaft zusammen. Es gibt keine thematische Gliederung der Website, es steht einzig eine Suchfunktion für die übergeordnete Recherche zur Verfügung.

Urheber	Agriculture Network Information Center (AgNIC)
Sprache	englisch
Kosten	kostenlos
Weiterführende	a) Agrilinks
Links	http://www.agrilinks.org

Eintrag	**162**
Titel	**Greenpilot**
URL	http://www.greenpilot.de

Beschreibung

„Greenpilot" – Die Seite für Wissenschaft & Leben, ist als Virtuelle Fachbibliothek für Ernährung, Umwelt und Agrar der Einstiegspunkt für qualitativ hochstehende wissenschaftliche Fachinformationen. Über Bibliothekskataloge, bibliographische Fachdatenbanken, Dokumentenserver und qualitätsgeprüfte Weblinks bietet sie Zugriff auf selbständige und unselbständige Literatur. Die Recherche wird durch eine Datenbankabfrage mit einfacher und erweiterter Suche ermöglicht.

Urheber	Deutsche Zentralbibliothek für Medizin (ZB MED)
Sprache	deutsch
Kosten	kostenlos
Weiterführende	a) Bundesanstalt für Landwirtschaft und Ernährung (BLE)
Links	http://www.ble.de

Lexika, Enzyklopädien, Wörterbücher

Eintrag	**163**
Titel	**Agriculture Dictionary**
URL	http://www.agriculturelaw.com/
	links/dictionary.htm

Beschreibung

Diese Website bietet informative Definitionen zu landwirtschaftlichen Begriffen, zusammengestellt vom „House Agriculture Committee" und vom „U.S. Department of Agriculture" (amerikanische Ausrichtung). Das Lexikon kann nur mittels Browsing durchsucht werden.

Urheber	AgricultureLaw.com
Sprache	englisch
Kosten	kostenlos

Bibliographien, Datenbanken

Eintrag	**164**
Titel	**AGRICOLA**
URL	http://agricola.nal.usda.gov/

Beschreibung

„AGRICOLA" (AGRICultural OnLine Access) ist eine bibliographische Datenbank, welche von der National Agricultural Library (NAL) erstellt wird. Die Datenbank enthält Angaben über selbständige und unselbständige Literatur zu allen Themenbereichen der Landwirtschaft und verwandten Gebieten (wie z.B. Veterinärmedizin, Forstwissenschaft, Fischereiwesen u.a.), inklusive zahlreiche Volltexte. Für die Suche stehen eine einfache und eine erweiterte Abfragemöglichkeit sowie zwei Browsingfunktionen (Browse by Audience, Browse by Subject) zur Verfügung. Die Recherche kann getrennt nach Büchern und Medien oder nach unselbständiger Literatur durchgeführt werden. Der Berichtszeitraum beginnt 1970.

Urheber	National Agricultural Library (NAL)
Sprache	englisch
Kosten	kostenlos
Weiterführende	a) AGRIS
Links	http://agris.fao.org
	b) FAO Catalogue online (Food and Agriculture
	Organization of the United Nations)
	http://www4.fao.org/faobib/
	c) GreenFILE
	http://www.greeninfoonline.com

Informatik

Subject Gateways

Eintrag	**165**
Titel	**The ACM Digital Library**
URL	http://portal.acm.org

Beschreibung

Die „ACM Digital Library", eine Dienstleistung der Association for Computing Machinery, bietet Zugang zu der gesamten publizierten Literatur dieser Vereinigung. Inhaltlich deckt das Angebot das ganze Themenspektrum rund um Informatik und Computerwissenschaften ab, unterteilt in folgende Bereiche: Journals, Magazines, Transactions, Proceedings, Newsletters, Publications by Affiliated Organizations sowie Special Interest Groups (SIGs). Für die Suche steht eine einfache und erweiterte Abfragemöglichkeit zur Verfügung; die erweiterte Recherche und das Benützen des Gesamtangebotes erfordert eine Registrierung bzw. Lizenzierung, bei der eingeschränkten Version wird lediglich eine Registrierung verlangt (gratis).

Urheber	Association for Computing Machinery
Sprache	englisch
Kosten	kostenlos (eingeschränkter Service), kostenpflichtig (Vollservice und Volltexte)

Eintrag	**166**
Titel	**io-port.net - informatics online**
URL	http://www.io-port.net/

Beschreibung

Das Portal „io-port.net" bietet Zugang zu weltweiter wissenschaftlich-technischer fachlich relevanter Literatur in der Informatik und in verwandten Fachgebieten sowie zu Nachschlagewerken und Themenseiten zu aktuellen Forschungsbereichen. Personalisierte Dienste runden das Angebot ab. Der Einstieg erfolgt über zwei verschiedene Wege, über die Basisdienste oder über die Mehrwertdienste. Die Basisdienste erlauben lediglich eine einfache Suche (kostenfrei), geeignet, sich einen ersten Überblick über einschlägige Fachinformation in der Informatik zu verschaffen; zur Verfügung stehen hier u.a. eine einfache Suche über die gesamten Publikationsdaten. In der "Digital Library" findet man die "Lecture Notes in Informatics" in verschiedenen Ausgaben (Seminar, Proceedings, Theses) sowie die LIPIcs (Leibniz International Proceedings in Informatics). Die Mehrwertdienste, die kostenpflichtig sind, umfassen hauptsächlich eine erweiterte Recherche über den gesamten Datenbestand, die komplette Anzeige aller Publikationsdaten, Navigations- und Verknüpfungsfunktionen, Zugriff auf Volltexte, personalisierte Dienste.

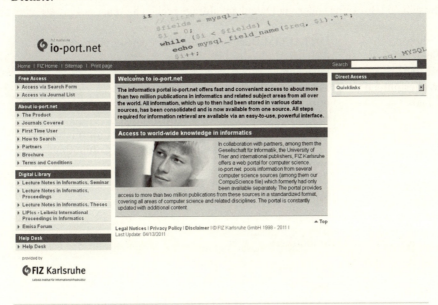

Urheber	FIZ Karlsruhe, Gesellschaft für wissenschaftlich-technische Information mbH, Eggenstein-Leopoldshafen
Sprache	deutsch
Kosten	kostenlos (Basisdienste), kostenpflichtig (Mehrwertdienste)
Weiterführende Links	a) GetInfo (Eintrag 146) http://www.getinfo-doc.de

Lexika, Enzyklopädien, Wörterbücher

Eintrag	**167**
Titel	**ITWissen**
URL	http://www.itwissen.info/

Beschreibung

Hinter „ITWissen" steckt das „grosse Online-Lexikon für Informationstechnologie". Das Angebot ist in 11 Rubriken unterteilt, jede davon mit weiteren Unterrubriken: Computertechnik, Informationstechnik, Datenkommunikation, Netzwerke, Internet, Telekommunikation, Multimedia, Software, Elektronik, Nachrichtentechnik sowie Standards/Gremien. Zusätzlich ist ein Abkürzungsverzeichnis und ein Fachwortverzeichnis Deutsch-Englisch bzw. Fachwortverzeichnis Englisch-Deutsch vorhanden. Für die Suche kann man über die einzelnen Themenbereiche einsteigen (Browsing) oder via Datenbankabfrage recherchieren.

Urheber	DATACOM Buchverlag GmbH, Peterskirchen
Sprache	deutsch
Kosten	kostenlos
Weiterführende	a) Computerlexikon
Links	http://www.computerlexikon.com
	b) Enzyklopädie der Wirtschaftsinformatik
	http://www.enzyklopaedie-der-wirtschaftsinformatik.de/
	c) FOLDOC - Free On-line Dictionary of Computing:
	http://foldoc.org
	d) Online Dictionary
	http://www.babylonia.org.uk/

Bibliographien, Datenbanken

Eintrag	**168**
Titel	**The Collection of Computer Science Bibliographies**
URL	http://liinwww.ira.uka.de/bibliography/index.html

Beschreibung

Die „Collection of Computer Science Bibliographies" beinhaltet eine Sammlung wissenschaftlich relevanter Bibliographien zur Informatik und verwandten Gebieten. Mehr als die Hälfte der Referenzen enthalten den Link zur Online-Version der entsprechenden Bibliographie, zudem sind bei vielen Dokumenten Abstracts verfügbar. Die Aktualisierung des Datenbestands geschieht wöchentlich. Für die Suche gibt es eine Browsingfunktion, die zur Datenbankabfrage jeder einzelnen Bibliographie führt (kein Browsing innerhalb einer Bibliographie möglich) oder eine übergeordnete Suche.

Urheber	Alf-Christian Achilles, Paul Ortyl
Sprache	englisch
Kosten	kostenlos
Weiterführende	a) Computer Science Bibliography DBLP -
Links	Digital Bibliography & Library Project:
	http://dblp.uni-trier.de/

Kunst, Architektur

Subject Gateways

Eintrag	**169**
Titel	**Architecture.com**
URL	http://www.architecture.com

Beschreibung

Mit „Architecture.com" stellt das Royal Institute of British Architects eines der weltweit umfangreichsten Fachangebote zum Thema Architektur und Bauen zur Verfügung. Neben zahlreichen Dienstleistungen wie z.B. „News", „Events" oder „Find an architect" ist vor allem die Rubrik „Reference" mit den Unterteilungen in „Library and catalogue", „Great buildings" und „Links" empfehlenswert. Eine Browsingfunktion und eine Datenbankabfrage stehen für die Suche im Angebot zur Auswahl.

Urheber	Royal Institute of British Architects
Sprache	englisch
Kosten	kostenlos
Weiterführende	a) Cyburbia
Links	http://www.cyburbia.org

Eintrag	**170**
Titel	**Sapling : the architecture, planning & landscape information gateway**
URL	http://www.sapling.info

Beschreibung

Unter „Sapling" erreicht man eine Einstiegsseite, die fachspezifische und qualitativ geprüfte Informationen zu den Themenbereichen „Architektur", „Planung" und „Landschaftsgestaltung" mit internationaler Abdeckung bietet. Strukturiert ist das Ganze nach einzelnen Abteilungen: Architecture, Construction, Culture, Heritage, Housing, Interior Design, Landscape, Planning, Regeneration, Sustainability, Transport, Urban Design. Diese sind jede für sich mittels Browsing über eine Stichwortliste erschlossen. Ausserdem kann in einer Datenbank mit einfachem Suchinterface nach ausgewählten Links, Büchern und Veranstaltungen recherchiert werden.

Urheber	Sapling.info
Sprache	englisch
Kosten	kostenlos
Weiterführende	a) intute - Architecture and planning
Links	http://www.intute.ac.uk/architecture

Eintrag	**171**
Titel	**Virtuelle Fachbibliothek für Gegenwartskunst (ViFaArt)**
URL	http://vifaart.slub-dresden.de/

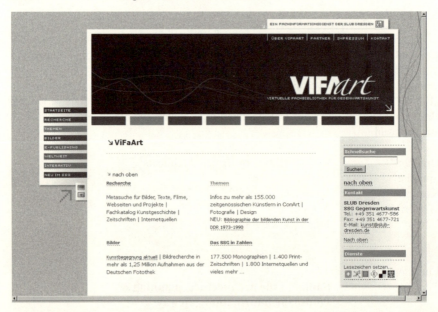

Beschreibung

Die „Virtuelle Fachbibliothek für Gegenwartskunst" (ViFaArt) ist ein Fachinformationsdienst der Sächsischen Landesbibliothek - Staats- und Universitätsbibliothek Dresden und bietet wissenschaftlich fundierte Fakten und Informationen zur Kunst nach 1945. Die Dokumentation ist in folgende Hauptbereiche aufgeteilt: Recherche (mit ART-Guide), Themen (u.a. Künstlerdatenbank ConArt), Bilder, E-Publishing, Weltweit, Interaktiv, neu im SSG. Der Zugang zu den Datenbeständen erfolgt via Datenbankabfrage, beim „Art-Guide" und bei „ConArt" ist zusätzlich ein Browsing möglich.

Urheber	Sächsische Landesbibliothek - Staats- und Universitätsbibliothek Dresden, Dresden
Sprache	deutsch
Kosten	kostenlos
Weiterführende Links	a) arthistoricum.net - Virtuelle Fachbibliothek Kunstgeschichte http://www.arthistoricum.net/ b) Malerei und Graphik http://www.erlanger-liste.de/ressourc/mallist.html

Lexika, Enzyklopädien, Wörterbücher

Eintrag	**172**
Titel	**the-artists.org**
URL	http://www.the-artists.org

Beschreibung

Die Website von „the-artists.org" bietet eine Datenbank mit ausführlichen Informationen zu Künstlern des 20. Jahrhunderts und zu zeitgenössischen Künstlern (mit biographischen Angaben, Links zu Künstlerarbeiten, relevanten Webressourcen u.a.). Die Details zu den einzelnen Künstlern sind über eine alphabetisch geordnete Liste oder über eine Datenbank mit einfacher und erweiterter Suche zugänglich. Zusätzlich kann nach „artists by movement" und nach „artists by discipline" recherchiert werden.

Urheber	The-artists.org
Sprache	englisch
Kosten	kostenlos

Eintrag	**173**
Titel	**ArtLex**
URL	http://www.artlex.com

Beschreibung

Mit „ArtLex" steht ein Lexikon zur Verfügung, welches ausführliche Definitionen zu Begriffen der Kunst bietet. Die einzelnen Stichwörter enthalten Verweise auf weiterführende Informationen und anschauliche Illustrationen sowie Künstlerbilder. Gesucht werden kann über ein alphabetisch geordnetes Verzeichnis oder mittels Datenbankabfrage.

Urheber	Michael Delahunt
Sprache	englisch
Kosten	kostenlos
Weiterführende	a) Artcyclopedia
Links	http://www.artcyclopedia.com/
	b) Kunstlexikon
	http://www.beyars.com/portalkunstgeschichte/

Eintrag	**174**
Titel	**Prestel Lexikon Kunst und Künstler**
	im 20. Jahrhundert
URL	http://www.prestel-kuenstlerlexikon.de/

Beschreibung

Mit diesem Angebot legt der Prestel Verlag den kompletten Text des „Prestel Lexikon Kunst und Künstler im 20. Jahrhundert" vor und macht das Nachschlagewerk in seiner ganzen Form online verfügbar. Das Lexikon bietet ausführliche Informationen zu Künstlern, Künstlergruppen oder -schulen, Stilrichtungen, Techniken sowie eine umfangreiche Bibliographie. Die Suche erfolgt über die einzelnen Stichwörter (Browsing) oder via Datenbankabfrage.

Urheber	Prestel Verlag, München
Sprache	deutsch
Kosten	kostenlos
Weiterführende	a) Culturebase - The international artist database
Links	http://www.culturebase.net
	b) Reallexikon zur Deutschen Kunstgeschichte (RDK)
	http://rdk.zikg.net/gsdl/cgi-bin/library.exe

Bibliographien, Datenbanken

Eintrag	**175**
Titel	**archINFORM**
URL	http://www.archinform.de

Beschreibung

„archINFORM" steht für die weltweit grösste Online-Datenbank für Architektur. Der Schwerpunkt liegt auf Gebäuden und Planungen bedeutender internationaler Architektinnen und Architekten des 20. Jahrhunderts. Für die Recherche stehen die Register „Personen", „Orte" sowie „Schlagwörter" zur Verfügung (überall nur mit Browsing); zusätzlich ermöglicht eine Textsuche die Abfrage nach Personen, Orten, Gebäuden und Projekten, Schlagwörtern und Literatur. Mit einer Metasuche über die Website lässt sich das ganze Angebot erkunden.

Urheber	Sascha Hendel
Sprache	deutsch
Kosten	kostenlos
Weiterführende	a) Baudatenbanken
Links	http://www.irbdirekt.de
	b) Bildindex der Kunst und Architektur des Bildarchivs Foto Marburg
	http://www.bildindex.de

Eintrag	**176**
Titel	**artlibraries.net**
URL	http://artlibraries.net

Beschreibung

„artlibraries.net", der Virtuelle Katalog Kunstgeschichte (vormals VKK), bietet einen übergeordneten Zugriff auf die wichtigsten Kataloge von Kunstbibliotheken und weist selbständige und unselbständige fachlich relevante Literatur in der Kunst nach. Für die Suche stehen das Interface und die Optionen der KVK-Oberfläche zur Verfügung, zusätzlich kann die Abfrage auf „Alle Kataloge auswählen" oder „Nur digitale Medien suchen" eingegrenzt werden.

Urheber	diverse Kunstbibliotheken;
	Betreiber: Universitätsbibliothek Karlsruhe
Sprache	deutsch
Kosten	kostenlos
Weiterführende	a) British Cartoon Archive
Links	http://www.cartoons.ac.uk/
	b) eclap – e-library for performing arts
	http://bpnet.eclap.eu/
	c) SIKART - Lexikon und Datenbank
	http://www.sikart.ch

Eintrag   **177**
Titel   **Bibliography of the History of Art (BHA)**
URL   http://library.getty.edu/bha

Beschreibung

Mit den Datenbanken „Bibliography of the History of Art" (BHA) und „Répertoire de la littérature de l'art" (RILA) bietet der Getty Trust Zugriff auf zwei Nachweisinstrumente, die selbständige und unselbständige Literatur zum Fachbereich Kunst beinhalten. Der Berichtszeitraum erstreckt sich über die Jahre 1975 bis 2007. Die Datenbanken können gemeinsam über ein Suchinterface mit einfacher und erweiterter Option abgefragt werden.

Urheber   The J. Paul Getty Trust
Sprache   englisch
Kosten   kostenlos

Eintrag   **178**
Titel   **Web Gallery of Art**
URL   http://www.wga.hu

Beschreibung

Die „Web Gallery of Art" bietet ein virtuelles Museum und eine Datenbank zu europäischer Malerei und Skulptur. Die Dokumentation deckt die Epochen „Gotik", „Renaissance", „Barock", „Rokoko", „Neoklassizismus" und „Romantik" ab (1100–1850). Die Rubriken „Fine Arts Museums" und „Churches" verzeichnen diejenigen Museen und Kirchen, die im Besitz von erwähnten Gemälden in der Web Gallery sind. Zusätzlich gibt es ein „Glossary" zur Erklärung von Kunstbegriffen. Für die Suche werden verschiedene interessante Tools angeboten: Artist Index (alphabetisch geordnet nach Namen, nur Browsing möglich), Lists of Artists (ermöglicht das Zusammenstellen von Künstlerlisten nach verschiedenen Kriterien wie Nationalität, Epoche, Stil u.a.), Dual-Window Mode (Anzeige der Trefferliste von zwei Suchvorgängen nebeneinander in einem Fenster), Datenbank für die Bildersuche, Guided Tours.

Urheber   Emil Kren, Daniel Marx
Sprache   englisch
Kosten   kostenlos

Musik

Subject Gateways

Eintrag	**179**
Titel	**Deutsches Musikinformationszentrum (MIZ)**
URL	http://www.miz.org

Beschreibung

Das „Deutsche Musikinformationszentrum" (MIZ) bietet als zentrale Anlauf- und Clearingstelle für Musik fachlich geprüfte Informationen und Dokumente über alle Bereiche des Musiklebens (z.B. musikalische Bildung und Ausbildung über das Laienmusizieren, Veranstaltungswesen u.a.); es stellt Trends und Entwicklungen, Daten und Fakten zur aktuellen Musikszene zusammen und ist in folgende Rubriken gegliedert: Themenportale (Themeneinführungen und Strukturinformationen, statistische Daten, kulturpolitische Dokumente, Nachrichten, Links, weiterführende Literatur), Institutionen (Institutionen und Einrichtungen des Musiklebens in Deutschland), Statistiken, Komponisten (Internetressourcen zu Komponistinnen und Komponisten zeitgenössischer Musik in Deutschland), Kongresse/Kurse, Dokumente, News und Bibliothek (Online-Katalog der MIZ-Bibliothek mit Informationen zu Publikationen aus allen Bereichen des Musiklebens). Der Zugang zu den Daten erfolgt mittels Browsing in den einzelnen Rubriken oder einer übergeordneten Suche (einfach und erweitert) über alle Datenbanken (im Bibliothekskatalog muss separat recherchiert werden).

Urheber	Deutscher Musikrat gGmbH
Sprache	deutsch
Kosten	kostenlos
Weiterführende Links	a) Culturebase - The international artist database: (Eintrag 174a) http://www.culturebase.net b) Musikinformationszentrum (Schweiz) http://www.miz.ch c) Orpheus : das Portal zur Welt der Musik http://www.orpheus.at

Eintrag   **180**
Titel   **William and Gayle Cook Music Library**
URL   http://www.music.indiana.edu/muslib/muslib.html

Beschreibung

Die „William and Gayle Cook Music Library" zeichnet sich nebst den allgemeinen Informationen zur Bibliothek durch ein umfangreiches Auskunftsangebot aus
(Reference and Instruction), in folgende Abteilungen gegliedert: Music databases,
Music uniform titles tutorial, Music Library FAQs, Bibliographies, Core music
reference guide, Bloomington Music Resources Directory, Worldwide Internet
Music Resources (hier gibt es z.B. Links zu Themen wie „Individual Musicians
and Popular Groups", „Composers and Composition", „Groups and Ensembles"
oder „Genres and Types of Music"). Die Suche erfolgt mittels Browsing in den
einzelnen Rubriken.

Urheber	William and Gayle Cook Music Library
Sprache	englisch
Kosten	kostenlos
Weiterführende	a) ClassicalNet
Links	http://www.classical.net

Lexika, Enzyklopädien, Wörterbücher

Eintrag   **181**
Titel   **Musik Fachwortlexikon**
URL   http://www.musica.at/
                musiklehre/fachwortlexikon/

Beschreibung

Im „Musik Fachwortlexikon" findet man Erklärungen zu 1001 Fachworten aus
allen Bereichen der Musik. Der Zugriff erfolgt über die einzelnen Musikfachwör-
ter, geordnet in alphabetischer Reihenfolge (nur Browsing möglich).

Urheber	Johannes Kaiser-Kaplaner
Sprache	deutsch
Kosten	kostenlos
Weiterführende	a) Historisch-kritisches Liederlexikon
Links	http://www.liederlexikon.de
	b) Online-Musiklexikon
	http://www.tonalemusik.de/musiklexikon.htm

Bibliographien, Datenbanken

Eintrag	**182**
Titel	**Bibliographie des Musikschrifttums** *online*
	BMS *online*
URL	http://www.musikbibliographie.de

Beschreibung

Die internationale Bibliographie für die Musikwissenschaft, die Bibliographie des Musikschrifttums *online*, enthält selbständige und unselbständige Fachliteratur zur Musikwissenschaft. Der Berichtszeitraum beginnt bei 1950. Die Suche erfolgt über eine Datenbank mit einfachem und erweitertem Eingabefeld.

Urheber	Staatliches Institut für Musikforschung, Berlin
Sprache	deutsch
Kosten	kostenlos
Weiterführende	a) Répertoire International d'Iconographie Musicale (RIdIM)
Links	http://www.ridim-deutschland.de
	b) Répertoire International des Sources Musicales (RISM)
	http://opac.rism.info/

Eintrag	**183**
Titel	**Bielefelder Katalog Klassik**
URL	http://www.bielekat.info/

Beschreibung

Als umfangreichstes Nachschlagewerk im deutschsprachigen Raum für die klassische Musik (gemäss Website) verzeichnet der „Bielefelder Katalog Klassik" Tonträger aus allen Sparten der klassischen Musik. Die Suche kann sehr detailliert durchgeführt werden und bietet folgende Möglichkeiten: Globale Suche (Datenbankrecherche: über „Details" sind „Komponist", „Werk" und „Personen" abfragbar, weiter Werk und Subtracks, Labels), Detailsuche mittels Datenbankrecherche (Komponist, Titel – Werke, Person, Werktyp), A-Z (hier können die Rubriken „Komponisten", „Werke" und „Personen" mittels Browsing erschlossen werden).

Urheber	New Media Verlag GmbH, Nürnberg
Sprache	deutsch
Kosten	kostenlos
Weiterführende	a) Online Music Database
Links	http://www.onlinemusicdatabase.com/

b) Worldmusic
http://worldmusic.nationalgeographic.com/

Eintrag	**184**
Titel	**Notendatenbank**
URL	http://www.notendb.de

Beschreibung

Die Notendatenbank verzeichnet Notenausgaben aus allen Bereichen der Musik, mit zeitlicher Abdeckung aller Epochen. Für die Suche stehen umfangreiche Recherchefunktionen sowie eine Suche nach Neuerscheinungen zur Verfügung.

Urheber	Julian Kornmaier
Sprache	deutsch
Kosten	kostenlos
Weiterführende Links	a) International Music Score Library Project (IMSLP) http://imslp.org

Eintrag	**185**
Titel	**Thesaurus Musicarum Latinarum (TML)**
URL	http://www.music.indiana.edu/tml/start.html

Beschreibung

Der „Thesaurus Musicarum Latinarum" (TML) beschreibt die gesamte lateinische Musiktheorie des Mittelalters und der Renaissance. Die Suche erfolgt über ein gutes Interface mit erweiterten Rechercheoptionen.

Urheber	Indiana University, Bloomington
Sprache	englisch
Kosten	kostenlos

Theater, Film

Subject Gateways

Eintrag	**186**
Titel	**Hochschule für Film und Fernsehen**
URL	http://www.bibl.hff-potsdam.de/

Beschreibung

Die Bibliothek der Hochschule für Film und Fernsehen in Potsdam-Babelsberg bietet Medienschaffenden ein interessantes Spektrum wichtiger Dienstleistungen. Das Angebot umfasst folgende Bereiche: Online-Katalog der Bibliothek, Fachzeitschriften (davon werden einige inhaltlich ausgewertet), Videothek, Filmarchiv (enthält Filme der Studenten), Pressedokumentation (Presseausschnitte aus der deutschsprachigen Tagespresse mit Film- und Fernsehrezensionen, Personalia u.a.; nur vor Ort nutzbar, Artikel der Pressedokumentation werden jedoch mit einem speziellen Kürzel im Bibliothekskatalog nachgewiesen), Elektronische Zeitschriftenbibliothek sowie eine kommentierte Linksammlung zu film-, fernseh- und medienwissenschaftlichen Themen (Webadressdatenbank). Recherchiert werden kann in jeder Rubrik mittels Datenbankabfrage, die Linksammlung kann auch mittels Browsing durchsucht werden.

Urheber	Hochschule für Film und Fernsehen „Konrad Wolf", Potsdam-Babelsberg
Sprache	deutsch
Kosten	kostenlos

Eintrag	**187**
Titel	**Justin's Theatre Links**
URL	http://www.theatrelinks.com/

Beschreibung

Auf den Seiten von „Justin's Theatre Links" findet man eine umfangreiche und kommentierte Linksammlung zu Themen aus der Theaterwelt. Folgende Bereiche stehen zur Auswahl: Theatre History, Stagecraft (Bühnenkunst: Dramaturgie, Masken usw.), Genres and Styles, Practitioners (Lebensdaten von Regisseuren), Theatre Industry, E-scripts, Drama Education, The Drama Teacher. Die Website lässt sich über eine Datenbank abfragen, die einzelnen Rubriken sind auch über ein Browsing zugänglich.

Urheber	Justin Cash
Sprache	englisch
Kosten	kostenlos
Weiterführende	a) Theaterportal
Links	http://www.theaterportal.de

Eintrag	**188**
Titel	**Virtuelle Fachbibliothek medien buehne film**
URL	http://www.medien-buehne-film.de/

Beschreibung

Die „Virtuelle Fachbibliothek medien buehne film" ist das zentrale Fachportal für die Themenbereiche Kommunikationswissenschaft, Publizistik und Medienwissenschaft, Theaterwissenschaft sowie Filmwissenschaft und verzeichnet qualitativ hochstehende und geprüfte selbständige und unselbständige Fachliteratur. Die Gliederung besteht aus den folgenden Abteilungen: Metasuche, Bibliothekskataloge, Internetquellen, Aufsatzdatenbanken, Nationallizenzen, E-Journals, Datenbanken. Die Suche ist übergeordnet im Gesamtportal oder in jedem Teilportal einzeln durchführbar (mit einfacher Option).

Urheber	Universitätsbibliothek Leipzig, Leipzig, und Partnerorganisationen
Sprache	deutsch
Kosten	kostenlos

Lexika, Enzyklopädien, Wörterbücher

Eintrag	**189**
Titel	**Filmlexikon**
URL	http://www.kabeleins.de/film_dvd/filmlexikon

Beschreibung

Der Fernsehsender Kabel1 bietet mit dem Filmlexikon Kurzbeschreibungen aktueller deutscher und internationaler Filme an. Für die Recherche stehen die Optionen „Darstellersuche", „Filmtitelsuche", „Regiesuche" und „Stöbern in Genres" zur Verfügung.

Urheber	SevenOne Intermedia GmbH, Kabel eins Multimedia
Sprache	deutsch
Kosten	kostenlos

Weiterführende   a) Glossarist - theater glossaries and theatre dictionaries
Links   http://www.glossarist.com/glossaries/arts-culture/theatre.asp
b) Lexikon der Filmbegriffe
http://www.bender-verlag.de/lexikon/
c) Theaterlexikon
http://www.theaterverzeichnis.de/lexikon.php

Bibliographien, Datenbanken

Eintrag	**190**
Titel	**British Universities Film & Video Council (BUFVC)**
URL	http://beta.bufvc.ac.uk/

Beschreibung

Das British Universities Film & Video Council (BUFVC) bietet einen Datenbestand aus neun Datenbanken zu Film, Fernsehen und Radio mit folgenden Inhalten: TRILT (Fernsehen- und Radioinformationen aus Grossbritannien, nur für Mitglieder zugänglich), News on Screen, Find DVD (audiovisuelle Materialien für den Unterricht), Shakespeare (Shakespeare in Film, Fernsehen und Radio), TVTip (Fernsehprogramme von 1955 – 1985), This Week, LBC/IRN Audio Archive (Independent Radio News/London Broadcasting Company Radioarchiv, 1973 – 1990), ILR South radio archive, The ILR radio archive. Der Berichtszeitraum für den Gesamtdatenbestand wird ab 1896 angegeben. Für die Recherche steht Eingabefeld mit einfacher und erweiterter Option bereit. Das Suchinterface befindet sich bei Redaktionsschluss noch im Betastadium (was auch die URL repräsentiert); nach Beendigung der Betaphase kann auf die Basisurl zurückgegriffen werden (http://www.bufvc.ac.uk).

Urheber	British Universities Film & Video Council
Sprache	englisch
Kosten	kostenlos
Weiterführende	a) European Film Gateway (EFG)
Links	http://www.europeanfilmgateway.eu/

Eintrag   **191**
Titel   **Film Literature Index (FLI)**
URL   http://webapp1.dlib.indiana.edu/fli/index.jsp

Beschreibung

Der „Film Literature Index" (FLI) verzeichnet Rezensionen, Artikel und Berichte aus Film- und Fernsehzeitschriften mit wissenschaftlichem und populärem Inhalt. Ausgewertet werden Publikationen aus 30 Ländern mit thematischem Schwerpunkt Film und Fernsehen. Für die Recherche in der Datenbank stehen eine einfache und eine erweiterte Suche sowie verschiedene Browsingmöglichkeiten zur Verfügung (Subject Headings, Person Names, Production Titles und Corporate Names). Der Berichtszeitraum umfasst die Jahre 1976–2001.

Urheber   Indiana University, Bloomington State University
                       of New York, Albany
Sprache   englisch
Kosten   kostenlos
Weiterführende   a) Bibliographie zu filmtechnischer Literatur
Links   http://www.focal.ch/biblio/d

Eintrag   **192**
Titel   **The Internet Theatre Database**
URL   http://www.theatredb.com

Beschreibung

Das Ziel der „Internet Theatre Database" ist es, alle Aspekte des Theaterlebens zu erfassen und zu dokumentieren. Für die Suche steht eine Datenbankabfrage mit einfachen und erweiterten Rechercheoptionen zur Verfügung.

Urheber   Keith Scollick
Sprache   englisch
Kosten   kostenlos
Weiterführende   a) Internet Broadway Database (IBDB)
Links   http://www.ibdb.com/

Eintrag	**193**
Titel	**Online Filmdatenbank**
URL	http://www.ofdb.de

Beschreibung

In der „Online Filmdatenbank" findet man Beschreibungen und weiterführende Informationen zu Spielfilmen. Die Suchmaske erlaubt die Recherche nach deutschem und Originaltitel, Darsteller(in) sowie Regisseur(in).

Urheber	KI Media GbR, Bremen
Sprache	deutsch
Kosten	kostenlos
Weiterführende	a) Documentary Film Directory
Links	http://documentaries.documentaryfilms.net/
	b) Filmdatenbank
	http://www.filmdb.de
	c) Filmportal
	http://www.filmportal.de
	d) Internet Movie Database (IMDB)
	http://www.imdb.com

Sport

Subject Gateways

Eintrag	**194**
Titel	**Sport Information Resource Centre (SIRC)**
URL	http://www.sirc.ca/

Beschreibung

Das „Sport Information Resource Centre" (SIRC) bezeichnet sich als das führende Sportinformationszentrum der Welt und bietet qualitativ hochwertige Informationen und Fakten zu sportrelevanten Themen. Die Inhalte sind nach verschiedenen Rubriken geordnet, u.a. findet man dort "Online Resources" mit interessanten Links zum Sport. Zudem gibt das SIRC die Datenbank „SPORTDiscus" heraus (kostenpflichtig).

Urheber	Sport Information Resource Centre (SIRC), Ontario
Sprache	englisch
Kosten	kostenlos

Eintrag	**195**
Titel	**Zentralbibliothek der Sportwissenschaften**
URL	http://www.zbsport.de/

Beschreibung

Auf der Website der „Zentralbibliothek der Sportwissenschaften" findet man eine umfassende Linksammlung zu den verschiedenen Bereichen des Sports. Folgende Angebote stehen zur Auswahl: Europäische Informationsdienste, Fachverbände im Deutschen Sportbund, Sportnachrichten, Sportorganisationen und Konferenzen, Sportverlage und Fachbuchhandlungen im Internet, Die Sportwissenschaft im Internet (webis), Sportwissenschaftliche Fachbibliotheken im In- und Ausland sowie Sportwissenschaftliche Vereinigungen. Die Suche erfolgt mittels Browsing.

Urheber	Zentralbibliothek der Sportwissenschaften, Köln
Sprache	deutsch
Kosten	kostenlos
Weiterführende	a) Sponet:
Links	http://www.sponet.de
	b) Virtuelle Fachbibliothek Sportwissenschaft – ViFa Sport
	http://www.vifasport.de

Lexika, Enzyklopädien, Wörterbücher

Eintrag	**196**
Titel	**Sports on the Olympic Programme**
URL	http://www.olympic.org/sports

Beschreibung

Mit „Sports on the Olympic Programme" stellt das Olympische Komitee ein interessantes Angebot zur Verfügung, in welchem sämtliche Disziplinen und Sportarten der Olympischen Sommer- und Winterspiele beschrieben werden. Zur besseren Verständlichkeit des Textes ist jede Sportart mit einem Bild versehen. Mittels Browsing kann das Ganze durchsucht werden.

Urheber	International Olympic Committee (IOC)
Sprache	englisch
Kosten	kostenlos

Bibliographien, Datenbanken

Eintrag	**197**
Titel	**Sportif**
URL	http://www.sport-if.de

Beschreibung

Die unter „Sportif" bereitgestellten Informationen bestehen aus verschiedenen Online-Datenbanken und dem Fachinformationsführer Sport des Bundesinstituts für Sportwissenschaft (BISp). Die Online-Datenbanken umfassen die Angebote „SPOLIT" (Bibliographische Datenbank relevanter sportwissenschaftlicher Literatur), „SPOFOR" (Beschreibung sportwissenschaftlicher Forschungsprojekte) und „SPOMEDIA" (Audiovisuelle Medien im Leistungssport). Gesucht werden kann in jedem Datenbestand separat oder übergeordnet über alle Datenbanken (einfache und erweiterte Suche); zudem ist eine Recherche nach Sprachen möglich (deutsch, englisch, andere). Der Fachinformationsführer Sport bietet qualitativ hochwertige Literatur zu sportwissenschaftlichen Themen; hier kann zwischen Browsing und einer Datenbankabfrage gewählt werden.

Urheber	Bundesinstitut für Sportwissenschaft, Bonn
Sprache	deutsch
Kosten	Abfrage kostenlos, Volltexte kostenpflichtig
Weiterführende Links	a) Kinesiology Publications (KinPubs) http://kinpubs.uoregon.edu/ b) spowis-online: Sportwissenschaftliche Literatur, 1960 – 1995: http://www.iat.uni-leipzig.de/iat/ids/SPOWIS/startseite.htm

Geschichte, Biographien

Subject Gateways

Eintrag	**198**
Titel	**Clio online**
URL	http://www.clio-online.de/

Beschreibung

Als zentrales Fachportal für die Geschichtswissenschaften im Internet bietet „Clio online" verschiedene interessante Dienstleistungen an: Web-Verzeichnis (Forschungsprojekte, Institutionen, Kataloge, Materialien, Nachschlagewerke), ForscherInnen-Verzeichnis (Verzeichnis zu Wissenschaftlerinnen und Wissenschaftlern), Institutionsverzeichnis (Akademien, Archive, Behörden, Bibliotheken, Denkmalpflege, Forschungsinstitute, Universitäten), Themenportale (Zeitgeschichte-online, Eintrag 201, Erster Weltkrieg u.a.), Fachkommunikation (H-Soz-u-Kult, Zeitgeschichte-online, geschichte.transnational u.a.), Publikationen (Historisches Forum, Historische Literatur, Zeithistorische Forschungen, White Papers und Guides), Chancen (Stellenbörsen, Praktikumsbörsen, Stipendien, Weiterbildung), Guides (Archive, Wissenschaftliches Publizieren); als weiteres Feature steht eine Personalisierung zur Verfügung. Für die Recherche gibt es eine übergeordnete Suche über alle Dienste sowie die Clio-online Metasuchmaschine, die es erlaubt, zusätzlich externe Fachdatenbanken und Bibliothekskataloge abzufragen.

Urheber	Humboldt-Universität zu Berlin,
	Institut für Geschichtswissenschaften, Berlin
Sprache	deutsch
Kosten	kostenlos
Weiterführende	a) Historicum
Links	http://www.historicum.net
	b) History Guide
	http://www.historyguide.de/
	c) Infoclio:
	http://www.infoclio.ch

Eintrag **199**
Titel **Pomoerium**
URL http://www.pomoerium.eu

Beschreibung

Die nach der gleichnamigen Zeitschrift „Pomoerium" benannte Website stellt ausführliche Informationen und Linksammlungen zur klassischen Altertumswissenschaft zusammen. Die Hauptangebote bestehen aus den folgenden Rubriken: Classics Main (Zeitschriften, Bücher, Internetressourcen u.a.), Pomoerium (Zeitschrift), Classics Journals, Classics Resources (Linksammlung), New Classics Books, Bibliographies, Virtual Library (selbständige und unselbständige Literatur im Volltext). Die Suche erfolgt mittels Browsing oder via Datenbankabfrage.

Urheber Ryszard Pankiewicz
Sprache englisch
Kosten kostenlos
Weiterführende a) KIRKE - Katalog der Internetressourcen
Links für die Klassische Philologie:
http://www.kirke.hu-berlin.de/ressourc/ressourc.html

Eintrag **200**
Titel **Voice of the Shuttle - History**
URL http://vos.ucsb.edu

Beschreibung

Hinter dem vielversprechenden Namen „Voice of the Shuttle" (Webschiffchen) verbirgt sich ein umfangreiches Angebot an qualitativ hochwertigen Informationsressourcen zu den Geisteswissenschaften und verwandten Bereichen. Neben der Geschichte verzeichnet die kommentierte Linksammlung auch Themenbereiche wie „General Humanities Resources", „Anthropology", „Classical Studies", „Cultural Studies", „Music", „Philosophy" u.a. Der Zugang zu den Inhalten wird durch eine Datenbankabfrage gewährleistet oder kann über Browsing in den einzelnen Rubriken erfolgen.

Urheber University of California, Santa Barbara
Sprache englisch
Kosten kostenlos
Weiterführende a) ArchNet - WWW Virtual Library of Archeology
Links http://archnet.asu.edu/
b) The Perseus Digital Library
http://www.perseus.tufts.edu/

Eintrag	**201**
Titel	**Zeitgeschichte-online**
URL	http://www.zeitgeschichte-online.de

Beschreibung

Das Themenportal für die Zeitgeschichte bietet einen zentralen zeithistorischen Einstiegspunkt ins Internet für die Geschichtswissenschaften im deutschsprachigen Raum. Das für eine fachwissenschaftliche Zielgruppe aufbereitete Angebot umfasst die folgenden Leistungen: Institutionen (Forschungsinstitute, Archive, Fachgesellschaften u.a.), Personen (Biographien, Biographische Lexika, Zeithistoriker im Web), Themenschwerpunkte (z.B. Holocaust, Solidarnosc), Projekte & Foren, H-Soz-u-Kult/Zeitgeschichte, HSK/ZOL (Kommunikation und Fachinformation für die zeithistorische Forschung), Texte und Quellen (selbständige und unselbständige Literatur, Hochschulschriften, Zeitschriften, Multimedia u.a.), Portale und Kataloge, Aufsatzdatenbank (OLC-SSG Zeitgeschichte - Online Contents-Sondersammelgebiete, ab 1993), zeithistorische Forschungen sowie Zeitgeschichte international. Jede Rubrik kann mittels Browsing erkundet werden. Die gezielte Recherche im gesamten Angebot der Internetressourcen erfolgt über eine Datenbankabfrage; eine Metasuche erlaubt den Zugriff auf Bibliothekskataloge und fachspezifische Datenbanken.

Urheber	Zentrum für Zeithistorische Forschung (ZZF), Staatsbibliothek zu Berlin - Preussischer Kulturbesitz (SBB)
Sprache	deutsch
Kosten	kostenlos

Lexika, Enzyklopädien, Wörterbücher

Eintrag	**202**
Titel	**Cambridge History**
URL	http://www.bartleby.com

Beschreibung

Im vielfältigen Angebot von „Bartleby.com" kann man verschiedene Lexika und Nachschlagewerke erkunden (meist ältere Ausgaben). Darunter befindet sich ebenfalls die Publikation "Cambridge History" (Auswahl über das Suchmenü). Die Abfrage erfolgt mittels einfacher Recherche.

Urheber	Bartleby.com
Sprache	englisch
Kosten	kostenlos

Eintrag	**203**
Titel	**Weltchronik**
URL	http://www.weltchronik.de

Beschreibung

Die „Weltchronik" bietet 2000 Jahre Chronik-Geschichte online, unterteilt in folgende Themenbereiche: Weltchronik, Deutsche Chronik, Kulturchronik, Biografien, Bilddatenbank, Kalenderblatt und Epochen. Für die Suche steht ein Schnellzugriff (in einer einzigen Tabelle zusammengestellte Auswahl der 10 wichtigsten Jahre eines jeden Jahrhunderts) und ein Detailzugriff (tabellarischer Direktzugriff auf alle Jahre von 2000 Jahre Chronik) zur Verfügung; das Lexikon lässt sich auch über eine Datenbank (Angabe des Jahres) abfragen.

Urheber	International Consultants Agency – Deutschland
Sprache	deutsch
Kosten	kostenlos
Weiterführende	a) Kalenderblatt
Links	http://www.kalenderblatt.de/

Eintrag	**204**
Titel	**WHO'S WHO**
URL	http://www.whoswho.de

Beschreibung

Dieses Lexikon verzeichnet Biographien internationaler Persönlichkeiten, der Schwerpunkt liegt auf dem abendländischen Kulturkreis. Zu finden sind sowohl zeitgenössische wie verstorbene Personen. Für die Suche stehen folgende Optionen zur Verfügung: Namen (einfaches Suchfeld), Themen (führt zu einer Liste verschiedener Fachgebiete wie „Film", „Musik", „Kunst" u.a., die mittels Browsing erschlossen werden kann), Zeitstrahl (nach Geburtsjahren), als zusätzliches Feature gibt es die Rankings der meist aufgerufenen Biographien. Die Website bietet Zugang zu weiteren „Who´s who": WHO'S WHO der Medien, WHO'S WHO der Medizin, WHO'S WHO der Kunst und Kultur, WHO'S WHO / Sonstige.

Urheber	whoswho.de
Sprache	deutsch
Kosten	kostenlos
Weiterführende	a) Eric Weisstein's World of Scientific Biography
Links	http://scienceworld.wolfram.com/biography/
	b) FemBio - Frauen-Biographieforschung
	http://www.fembio.org
	c) Time 100
	http://www.time.com/time/time100/

Bibliographien, Datenbanken

Eintrag	**205**
Titel	**Deutsche Biographie**
URL	http://www.deutsche-biographie.de

Beschreibung

Das Online-Lexikon „Deutsche Biographie" liefert als historisch-biographisches Lexikon Informationen zu Leben und Wirken bedeutender Frauen und Männern des deutschsprachigen Kulturraums. Es beinhaltet historisch-biographische Artikel der Allgemeinen Deutschen Biographie (ADB, 1875–1912) und der Neuen Deutschen Biographie (NDB, online abfragbar ab 1953). Für die Suche steht eine Datenbank mit einfacher und erweiterter Rechercheoption zur Verfügung, zusätzlich gelangt man über die Rubrik „Namen A–Z" zu einer Namensliste der ADB und der NDB (Browsing).

Urheber	Bayerische Staatsbibliothek, München
Sprache	deutsch
Kosten	kostenlos
Weiterführende	a) Biographie-Portal
Links	http://www.biographie-portal.de
	b) International Dictionary of Intellectual Historians (IDIH)
	http://idih.hab.de/

Eintrag	**206**
Titel	**Historical Text Archive (HTA)**
URL	http://historicaltextarchive.com

Beschreibung

Das „Historical Text Archive" (HTA) bietet qualitativ hochwertige Publikationen zu geschichtswissenschaftlichen Themen-bereichen (selbständige und unselbständige Literatur, historische Photos, Internetressourcen). Zur Auswahl stehen die Rubriken „articles", „e-books" und „links". Die einzelnen Abteilungen können nach Sachgebieten mittels Browsing oder mittels Datenbankabfrage durchsucht werden.

Urheber	Donald J. Mabry
Sprache	englisch
Kosten	kostenlos

Eintrag	**207**
Titel	**Historische Bibliographie Online**
URL	http://www.oldenbourg.de/verlag/ahf/

Beschreibung

Mit der „Historischen Bibliographie Online" liegt eine Datenbank vor, die selbständige und unselbständige Fachliteratur (Monographien, Beiträge aus Sammelwerken usw.) zu den Geschichtswissenschaften verzeichnet. Mit dem integrierten „Jahrbuch der historischen Forschung" wird auf noch nicht veröffentlichte Forschungsarbeiten hingewiesen. Der Berichtszeitraum wird 1990 ff. angesetzt. Die Suche wird über ein Interface mit einfacher und erweiterter Option abgewickelt; verschiedene Indizes (Autorenindex, Personen-/Ortsindex, Institutsindex) stehen als weitere Möglichkeit zur Verfügung (Abfrage mittels Datenbank oder via Browsing).

Urheber	Oldenbourg Wissenschaftsverlag GmbH, München
Sprache	deutsch

Kosten	kostenlos
Weiterführende	a) Jahresberichte für deutsche Geschichte
Links	http://jdgdb.bbaw.de/cgi-bin/jdg

Eintrag	**208**
Titel	**Iter - Gateway to the Middle Ages and Renaissance**
URL	http://www.itergateway.org

Beschreibung

„Iter - Gateway to the Middle Ages and Renaissance" weist selbständige und unselbständige Literatur zum Mittelalter und der Renaissance (400–1700) nach und besteht aus folgenden Datenbanken: The Iter Bibliography (selbständige und unselbständige Literatur zu Mittelalter und Renaissance), International Directory of Scholars (Verzeichnis von Wissenschaftlerinnen und Wissenschaftlern, mit Kontaktinformationen), Iter Italicum (unerschlossene humanistische Manuskripte der Renaissance, herausgegeben von Paul Oskar Kristeller), sowie die drei Zeitschriften „Early Theatre", „Renaissance and Reformation / Renaissance et Réforme" und „Renaissance Quarterly". Für die Suche steht der kostenpflichtige Zugang oder ein kostenloser Gastaccount (mit eingeschränktem Angebot) zur Verfügung.

Urheber	Faculty of Information Studies, University of Toronto
Sprache	englisch
Kosten	kostenpflichtig; kostenloser Gastzugang
Weiterführende	a) Diotima
Links	http://www.stoa.org/diotima/
	b) GNOMON ONLINE – Eichstätter Informationssystem für die Klassische Altertumswissenschaft http://www.gnomon.ku-eichstaett.de
	c) The Labyrinth - Resources for Medieval Studies http://labyrinth.georgetown.edu/
	d) RI-Opac: Literaturdatenbank zum Mittelalter http://opac.regesta-imperii.de/

Eintrag	**209**
Titel	**Virtuelle Deutsche Landesbibliographie**
URL	http://www.ubka.uni-karlsruhe.de/ landesbibliographie/

Beschreibung

Die „Virtuelle Deutsche Landesbibliographie" ist ein Meta-Katalog zum Nachweis landeskundlicher Literatur in Deutschland (basierend auf der Software des „Karlsruher Virtuellen Katalogs", KVK). Die Suche erfolgt mit den bekannten Funktionen des Bibliothekskatalogs KVK.

Urheber	Redaktion der jeweiligen Landesbibliographie
Sprache	deutsch
Kosten	kostenlos

Geographie, Reisen

Subject Gateways

Eintrag	**210**
Titel	**Geo-Leo**
URL	http://www.geo-leo.de

Beschreibung

„Geo-Leo" ist ein Fachportal, das qualitativ hochstehende fachlich relevante Informationsangebote und Dienstleistungen zu den Geo- und Montanwissenschaften anbietet, mit besonderer Berücksichtigung der Themenbereiche Geologie, Mineralogie, Petrologie und Bodenkunde, Bergbau, Geophysik, Geographie, thematische Karten. Die Website verzeichnet selbständige und unselbständige Literatur sowie Rezensionen und geowissenschaftliche Internetquellen. Der Datenbestand kann mittels Suchen und Browsen recherchiert werden, wozu folgende Funktionen zur Auswahl stehen: Schnellsuche, erweiterte Suche (hier sind verschiedene Bibliothekskataloge, die Aufsatzdatenbanken „Online Contents - SSG Geowissenschaften" und „Agricola Article Citation Database" sowie Internetquellen abfragbar), thematische Suche (Geowissenschaften, Bergbau, Geographie/Kartographie, thematische Karten). Zusätzlich kann über einen separaten Link in der Elektronischen Zeitschriftenbibliothek und in „GEO-LEOe-docs" (fachspezifischer Dokumentenserver) recherchiert werden.

Urheber	Technische Universität Bergakademie Freiberg, Universitätsbibliothek „Georgius Agricola", Freiberg

Sprache	deutsch
Kosten	kostenlos
Weiterführende	a) Geo-Guide:
Links	http://www.geo-guide.de

Eintrag	**211**
Titel	**intute - Geography and environment**
URL	http://www.intute.ac.uk/geography/

Beschreibung

„intute - Geography and environment" bietet qualitativ hochwertige fachlich relevante Internetressourcen zur Geographie an. Der Datenbestand kann mittels
Browsing oder über eine Datenbankabfrage (einfach und erweitert) durchsucht
werden. Das Angebot wird seit Juli 2011 nicht mehr aktualisiert (siehe: Einführung zur Neuauflage).

Urheber	The Intute Consortium
Sprache	englisch
Kosten	kostenlos
Weiterführende	a) Geosource:
Links	http://www.library.uu.nl/geosource/

Lexika, Enzyklopädien, Wörterbücher

Eintrag	**212**
Titel	**Countryreports**
URL	http://www.countryreports.org

Beschreibung

Bei den „Countryreports" findet man Beschreibungen zu mehr als 260 Ländern
aus der ganzen Welt. Die bereitgestellten Informationen sind sehr umfangreich
und umfassen folgende Bereiche: Quick Facts (Daten und Fakten zu Regierung,
Demographie, Wirtschaft und Geographie des Landes), General Overview (mit
Angabe zu Geschichte, Geographie, Wirtschaft, Nationalflagge und -hymne u.a.),
Government, Population Demographics; zusätzliche Links erweitern das Angebot.
Die Suche erfolgt durch Länderauswahl über die einzelnen Regionen oder über ein
alphabetisch geordnetes Länderverzeichnis.

Urheber	CountryReports.org
Sprache	englisch

Kosten	kostenpflichtig; „Quick Facts" kostenlos
Weiterführende	a) Encyclopedia of Earth (EoE):
Links	http://www.eoearth.org/
	b) Geo-Wörterbuch online – das Geographische Wörterbuch im Internet:
	http://www.geowoerterbuch.com
	c) One World - Nations Online
	http://www.nationsonline.org/

Eintrag	**213**
Titel	**Perry-Castañeda Library Map Collection**
URL	http://www.lib.utexas.edu/maps/

Beschreibung

Bei der Website der „Perry-Castañeda Library Map Collection" handelt es sich um eines der umfangreichsten Angebote an geographischen Karten im Internet. Die Sammlung besteht aus mehr als 250 000 Karten aus allen Gebieten der Welt, ein grosser Teil der Dokumente ist auch online verfügbar. Die Karten sind in die Rubriken „World", „Africa", „Americas", „Asia", „Australia/Pacific", „Europe", „Middle East", „Polar/Oceans", „Russia/Republics", „U.S.", „Texas", „Historical", „Thematic" und „Map Dealers" unterteilt. Viele Links auf weitere Internetressourcen ergänzen das Angebot. Mittels Browsing kann in den Datenbeständen gesucht werden.

Urheber	University of Texas at Austin
Sprache	englisch
Kosten	kostenlos
Weiterführende	a) GeoNames:
Links	http://www.geonames.org
	b) IKAR - Altkartendatenbank
	http://ikar.sbb.spk-berlin.de/
	c) Landkartenindex
	http://www.landkartenindex.de
	d) Orbis Latinus online
	http://www.columbia.edu/acis/ets/Graesse/contents.html
	e) Weltkarte.com
	http://www.weltkarte.com/
	f) The World of Maps - Die Welt der Karten
	http://www.maps.ethz.ch/

Bibliographien, Datenbanken

Eintrag	**214**
Titel	**Geodok - Geographische Literaturdatenbank**
URL	http://www.geodok.uni-erlangen.de/

Beschreibung

Die geographische Literaturdatenbank „Geodok" weist selbständige und unselbständige geographische Literatur nach. Die Recherche kann über eine einfache und erweiterte Suche erfolgen. Die Datenbank hat einen Berichtszeitraum ab 1950, wobei der Schwerpunkt der verzeichneten Publikationen erst mit dem Jahre 1980 beginnt.

Urheber	Institut für Geographie, Universität Erlangen-Nürnberg
Sprache	deutsch
Kosten	kostenlos
Weiterführende	a) Current Geographical Publications (CGP)
Links	http://www4.uwm.edu/libraries/AGSL
	(Link auf der Startseite)
	b) Online Geographical Bibliography, GeoBib
	(Berichtszeitraum: 1985 – 2005):
	http://www4.uwm.edu/libraries/AGSL
	(Link auf der Startseite)
	c) scinexx – das Wissensmagazin
	http://www.g-o.de

Eintrag	**215**
Titel	**TRID online**
URL	http://trid.trb.org

Beschreibung

Mit „TRID online" bieten die „Transportation Research Information Services" (TRIS) eine Datenbank zu allen Aspekten des Transportwesens an. Sie beinhaltet selbständige und unselbständige Literatur, Kongressberichte, technische Berichte u.a. und verzeichnet die Daten folgender Informationsanbieter: TLIB (Bestände der wichtigsten Bibliotheken im Transportwesen), International Transport Research Documentation database (ITRD). Auf der Website wird zusätzlich noch die „Research In Progress (RiP) Database" angeboten. Für die Recherche steht ein Interface mit einfacher Suche zur Verfügung.

Urheber	National Transportation Library
Sprache	englisch
Kosten	kostenlos

Institutionelle Repositorien

Allgemeines

Eintrag	**216**
Titel	**Open Access Map**
URL	http://openaccessmap.org/

Beschreibung

„Open Access Map" bietet eine Weltkarte, mit dem Ziel, weltweit Wachstum und Entwicklungsstand frei zugänglicher Ressourcen jeglicher Art zu visualisieren. Die einzelnen Initiativen und Förderprogramme zu Open Access werden auf der Karte mittels farbiger Punkte angezeigt: „grün" kennzeichnet die Repositorien, „gelb" die Zeitschriften, „blau" die sogenannten „Policies", mit den roten Punkten wird auf alles „andere" verwiesen. Das Angebot ist seit Juli 2011 online, Angaben zu neuen Standorten von Open Access-Servern werden durch die Provider selbst eingepflegt. Neben der Karte steht eine Browsing- und eine Suchfunktion (einfach und erweitert) zur Verfügung.

Urheber	Partnerorganisation: SPARC, Open Society Foundations u.a. (ein Urheber wird nirgends explizit genannt)
Sprache	englisch
Kosten	kostenlos
Weiterführende Links	a) Institutional Repository Bibliography (IRB): http://digital-scholarship.org/irb/irb.html b) Repository Maps: http://maps.repository66.org/

Eintrag	**217**
Titel	***Open*DOAR : The Directory of Open Access Repositories**
URL	http://www.opendoar.org

Beschreibung

„*Open*DOAR" bietet eine Liste frei zugänglicher Ressourcen aus aller Welt an. Jedes Repository wird vor der Aufnahme ins Verzeichnis von einer Redaktion geprüft, um die Qualität zu gewährleisten. Folgende Rubriken können ausgewählt werden: Repositoriensuche (via Browsing oder Datenbankabfrage), inhaltliche

Suche innerhalb der Repositorien (Datenbankabfrage), Repositorienliste, Statistik. Als weitere zur Verfügung stehende Funktionen findet man ein Formular, um selbst Dokumentenserver vorzuschlagen, Administrationstools sowie die FAQs.

Urheber	Centre for Research Communications,
	University of Nottingham
Sprache	englisch
Kosten	kostenlos
Weiterführende	a) Driver : Digital Repository Infrastructure Vision for
Links	European Research
	http://www.driver-repository.eu
	b) OAPEN : Open Access Publishing in European Networks
	http://www.oapen.org

Afrika

Eintrag	**218**
Titel	**Unisa Institutional Repository : UnisaIR**
URL	http://uir.unisa.ac.za/

Beschreibung

Als frei zugängliches Archiv bietet das Unisa Institutional Repository (UnisaIR) Zugriff auf das gesamte Schaffen von Forschenden und Wissenschaftlern der Universität Südafrikas. Dazu gehören u.a. Dissertationen, Konferenzbeiträge, wissenschaftliche Artikel sowie Sondersammlungen („rare and special materials"). Die Suche erfolgt über eine Browsingfunktion mit folgenden Möglichkeiten: Bereiche & Sammlungen, Erscheinungsdatum, Autoren, Titel, Schlagworte. Integriert ist ebenfalls eine Datenbankabfrage mit einfacher und erweiterter Suchoption.

Urheber	University of South Africa
Sprache	englisch
Kosten	kostenlos

Asien

Eintrag	**219**
Titel	**INFLIBNET´s Institutional Repository**
URL	http://ir.inflibnet.ac.in/

Beschreibung

Das Zentrum des „Information and Library Network" (INFLIBNET) ist eine selbständige interuniversitäre Arbeitsstelle der sogenannten „University Grants Commission" (UGC) und bietet verschiedene Dienstleistungen im Bibliotheksbereich an, darunter auch einen Dokumentenserver. Nachgewiesen werden die Volltexte von Zeitungs- und Nachrichtenbeiträgen, Konferenzberichten und wissenschaftlichen Artikeln. Die Inhalte werden erschlossen mittels Browsingfunktion (Bereiche & Sammlungen, Erscheinungsdatum, Autoren, Titel, Schlagworte) und Datenbankabfrage für jeden Bereich einzeln oder übergeordnet über alle Rubriken (einfache und erweiterte Suche).

Urheber	INFLIBNET
Sprache	englisch
Kosten	kostenlos
Weiterführende	a) Vidyanidhi : Digital Library and E-Scholarship Portal
Links	http://www.vidyanidhi.org.in

Eintrag	**220**
Titel	**Japan Science and Technology Information Aggregator, Electronic : J-STAGE**
URL	http://www.jstage.jst.go.jp

Beschreibung

Das Ziel dieser Dienstleistung ist es, das Schaffen japanischer Forschungsorganisationen und –gesellschaften elektronisch zu dokumentieren und zugänglich zu machen. Die meisten Inhalte sind als Volltexte frei verfügbar. Über eine Liste aller Zeitschriften kann auf die einzelnen Titel zugegriffen werden. Mittels Datenbankabfrage erfolgt eine Metasuche über alle Zeitschrifteninhalte oder eine separate Suche innerhalb eines Titels, zur Auswahl steht eine englische und eine japanische Suchoberfläche. Zusätzlich gibt es eine Personalisierungsfunktion. Mit „Journal@rchive" wird das Archiv für einen Grossteil der in „J-STAGE" vorhandenen Zeitschriften bereitgestellt; hier sind hier Jahrgänge ab der ersten Ausgabe abrufbar.

Urheber	Japan Science and Technology Agency, Electronic Journals Division
Sprache	englisch, japanisch
Kosten	kostenlos
Weiterführende Links	a) DRF : Digital Repository Federation http://drf.lib.hokudai.ac.jp/drf/

Eintrag	**221**
Titel	**Knowledge Repository of National Science Library**
URL	http://ir.las.ac.cn

Beschreibung

Das Repository bietet Zugang zu Volltexten wissenschaftlicher Publikationen. Neben allgemeinen Angeboten stehen folgende Rubriken zur Verfügung: Metasuche (Cross Search System und Crossdomain Search System), Union Catalogue, „Science China", Dissertationen, Dokumentlieferdienste, virtuelle Auskunft („Ask librarian") und RSS-Dienste. Die Website ist in chinesischer Sprache, mit englischen Untertiteln zu den wichtigsten Funktionen.

Urheber	Chinese Academy of Sciences
Sprache	chinesisch, englisch
Kosten	kostenlos
Weiterführende Links	a) Chinese Academy of Sciences: http://english.cas.cn b) HKU (University of Hong Kong) Scholars Hub http://hub.hku.hk/

Australien

Eintrag	**222**
Titel	**ANU Digital Collections**
URL	https://digitalcollections.anu.edu.au/

Beschreibung

Mit den „Digital Collections" repräsentiert die Australian National University (ANU) das gesamte wissenschaftliche Schaffensfeld der Universität. Dies beinhaltet u.a. wissenschaftliche Artikel, Buchkapitel, Forschungsarbeiten, Konferenzbeiträge, Working Papers. Gesucht werden kann mit einer Browsingfunktion in den Spezialsammlungen (Communities and Collections), nach dem Erscheinungsjahr sowie nach Autor, Titel und Schlagwort. Zusätzlich steht eine Datenbank mit einfacher und erweiterter Suchoption zur Verfügung.

Urheber	Australian National University (ANU)
Sprache	englisch
Kosten	kostenlos
Weiterführende	a) ANU Digital Theses:
Links	http://research.anu.edu.au/thesis/

Europa

Eintrag	**223**
Titel	**DART-Europe**
URL	http://www.dart-europe.eu

Beschreibung

Unter dem Namen „DART-Europe" haben sich 20 europäische Universitätsbibliotheken zusammengeschlossen, mit dem Ziel, eine Einstiegsseite (E-theses Portal) für elektronische Dissertationen (Electronic Theses and Dissertations, ETDs) zur Verfügung zu stellen. Erschlossen wird das Angebot mittels Browsing (Verzeichnis aller beteiligten Universitäten, Sammlungen, Länder, Erscheinungsjahr) und durch eine Datenbankabfrage für die Volltexte (einfache und erweiterte Suche), zusätzlich ist eine Funktion zum Suchverlauf und für markierte Titel vorhanden.

Urheber	LIBER (Ligue des Bibliothèques Européennes de Recherche - Association of European Research Libraries
Sprache	verschiedene Sprachen
Kosten	kostenlos

Eintrag	**224**
Titel	**Dissonline**
URL	http://www.dissonline.de

Beschreibung

Mit der Dienstleistung „Dissonline" steht ein Angebot zur Verfügung, das digitale Dissertationen und Habilitationen der Deutschen Nationalbibliothek sowie der Schweizerischen Nationalbibliothek im Internet nachweist. Für die Recherche kann eine Volltextsuche oder eine Metadatensuche (für bibliographische Angaben) benützt werden. Zusätzlich werden umfassende Informationen und Unterlagen zum Thema „Elektronisches Publizieren von Dissertationen und Habilitationen" bereitgestellt (siehe auch Eintrag 14).

Urheber	Deutsche Nationalbibliothek
Sprache	deutsch
Kosten	kostenlos
Weiterführende	a) Digitales Publikationsportal der
Links	Österreichischen Akademie der Wissenschaften
	http://epub.oeaw.ac.at/

Eintrag	**225**
Titel	**Hrcak**
URL	http://hrcak.srce.hr/

Beschreibung

Unter dem Namen „Hrcak" findet man das zentrale Portal wissenschaftlicher Zeitschriften Kroatiens. Das Angebot ist in verschiedene Bereiche gegliedert (natural sciences, technical sciences, biomedicine and health, biotechnical sciences, social sciences, humanities), innerhalb deren erfolgt eine weitere Kategorisierung nach Fachdisziplinen, ergänzt durch eine alphabetische Liste aller verfügbaren Zeitschriften. Der Grossteil der wissenschaftlichen Publikationen ist im Volltext zugänglich. Die Suche geschieht über die Rubrikenliste der Zeitschriften (Browsing) und mittels Datenbankabfrage (einfach und erweitert), die Suchoberfläche steht in kroatischer und englischer Sprache zur Verfügung.

Urheber	Croatian Information and Documentation Society
Sprache	englisch, kroatisch
Kosten	kostenlos
Weiterführende	a) Belgorod State University
Links	http://dspace.bsu.edu.ru
	b) e-SevENTUIR
	http://sevntu.com.ua/jspui/

Eintrag	**226**
Titel	**National Archive of PhD Theses**
URL	http://phdtheses.ekt.gr

Beschreibung

Im „National Archive of PhD Theses" sind akademische Abschlussarbeiten und Dissertationen zu finden, die an höheren Bildungsinstitutionen Griechenlands verfasst wurden; zusätzlich sind Promotionsarbeiten griechischer Wissenschaftler an ausländischen Universitäten verzeichnet. Für die Recherche steht eine Datenbank (einfache und erweiterte Suche) sowie eine Browsingfunktion mit folgenden Kriterien zur Auswahl: Fachdisziplin, Datum, Autor, Land, Sprache sowie „Degree Grantor" (Universität, die den akademischen Grad verliehen hat). Datumsmässig reichen die Inhalte bis 1985 zurück, einzelne Fällen gehen sogar bis in die 1930er Jahre zurück. Es existiert eine englische und griechische Version der Website.

Urheber	National Documentation Centre (EKT)
Sprache	griechisch (mit wenigen Ausnahmen)
	teilweise englische Abstracts
Kosten	kostenlos
Weiterführende	a) HELIOS Repository
Links	http://helios-eie.ekt.gr/EIE

Eintrag	**227**
Titel	**OpenDepot**
URL	http://www.opendepot.org

Beschreibung

Mit „OpenDepot" steht ein Angebot zur Verfügung, welches frei zugängliche wissenschaftliche Publikationen verzeichnet. Die geographische Abdeckung beschränkt sich grösstenteils auf englische Universitäten. Für die Suche kann eine Browsingfunktion benützt werden (Optionen: Jahr, Fachdisziplin, Autor, Institution, Institution des Autors/Herausgebers), es kann auch eine Datenbankabfrage mit einfachem und erweitertem Suchfeld durchgeführt werden. Die Dienstleistung „Manage Deposits" ermöglicht es, sich per E-Mail über Neuzugänge informieren zu lassen (erfodert Registrierung mit Nutzername und Passwort).

Urheber	EDINA, The University of Edinburgh
Sprache	englisch
Kosten	kostenlos
Weiterführende	a) COnnecting REpositories (CORE)
Link	http://core.kmi.open.ac.uk/

Eintrag   **228**
Titel   **TEL : thèses-en-ligne**
URL   http://tel.archives-ouvertes.fr/

Beschreibung

Das Ziel von „TEL" ist es, französische Dissertationen und Habilitationen in einem multidisziplinären Verzeichnis zu erschliessen, die Publikationen sind frei zugänglich und stehen im Volltext zur Verfügung. Mittels Browsing können folgende Rubriken abgefragt werden: Fachgebiet, Neuzugänge, Institution, Jahr der Einreichung (année de soutenance), Sammlungsarchive. Die Recherche erfolgt über eine Datenbankeingabe mit den Optionen einer einfachen und erweiterten Suche, zusätzlich einer sogenannten Artikel-ID. Die Website kann als französische oder englische Version aufgerufen werden.

Urheber   Centre pour la Communication Scientifique Directe (CCSD)
Sprache   französisch
Kosten   kostenlos
Weiterführende   a) CNR SOLAR : Scientific Open-access Literature Archive
Links   and Repository
                 http://eprints.bice.rm.cnr.it/
                 b) Recolecta
                 http://www.recolecta.net/

Eintrag   **229**
Titel   **Theseus**
URL   https://publications.theseus.fi/

Beschreibung

Diese Dienstleistung bietet Zugriff auf die digitalen Sammlungen (Volltexte) finnischer Universitäten naturwissenschaftlicher Ausrichtung. Für die Recherche nach Inhalten mittels Browsing steht ein Verzeichnis der Autoren, Titel und Fachgebiete zur Auswahl, zusätzlich können Erscheinungsjahr sowie Einreichungsjahr der Publikationen abgefragt werden. Mittels Datenbank ist eine Suche über die einzelnen Fachgebiete oder über das gesamte Angebot möglich (nur einfache Suche). Die Website ist in finnischer, schwedischer und englischer Version zugänglich (da die meisten Dokumente ein englisches Abstract enthalten, kann auch mit englischen Ausdrücken recherchiert werden).

Urheber   AMKIT-konsortio
Sprache   finnisch
Kosten   kostenlos

Weiterführende	a) DiVA : Academic Archive Online
Links	http://www.diva-portal.org
	b) Doria
	http://www.doria.fi
	c) NORA : Norwegian Open Research Archives
	http://www.ub.uit.no/wiki/openaccess/index.php/NORA

Nordamerika

Eintrag	**230**
Titel	*open*thesis
URL	http://www.openthesis.org

Beschreibung

„*open*thesis" versteht sich als Dokumentenserver, der freien Zugang bietet zu Dissertationen, Abschlussarbeiten und anderen akademischen Publikationen. Die Dokumente liegen lediglich mit Abstract vor, werden nicht im Volltext nachgewiesen. Für die Suche wird über eine Datenbank mit folgenden Eingabeoptionen ermöglicht: Stichwort, Titel, Autor, Universität (einfache und erweiterte Recherche durchführbar). Zusätzlich gibt es je eine Rubrik für Universitäten und für Autoren mit Informationen betreffend Publikationsvorgang.

Urheber	OpenThesis.org, Nottingham, USA
Sprache	englisch
Kosten	kostenlos
Weiterführende	a) Erudit
Links	http://www.erudit.org

Südamerika

Eintrag	**231**
Titel	**SciELO : Scientific Electronic Library Online**
URL	http://www.scielo.org/

Beschreibung

Mit „SciELO" wird ein Modell zum Publizieren elektronischer wissenschaftlicher Zeitschriften aus Entwicklungsländern präsentiert. Geographisch werden vor allem Lateinamerika und die Karibik berücksichtigt, insbesondere: Argentinien,

Brasilien, Chile, Kolumbien, Costa Rica, Kuba, Spanien, Mexiko, Portugal und Venezuela. Für die Recherche steht eine Artikelsuche (Volltexte) über das gesamte Angebot oder der einzelnen Länder zur Auswahl. Die Zeitschriften sind mittels Datenbank sowie durch eine alphabetische Titelliste und einen Schlagwortindex erschlossen, abfragbar via Browsing. Die Website ist in portugiesischer, spanischer und englischer Sprache zugänglich. Als Zusatzfeature sind bibliometrische Indikatoren erhältlich.

Urheber	SciELO - Scientific Electronic Library Online
Sprache	spanisch, portugiesisch
Kosten	kostenlos
Weiterführende	a) Redalyc
Links	http://www.redalyc.com

Open Educational Resources

Allgemeines

Eintrag	**232**
Titel	**Curriki**
URL	http://www.curriki.org

Beschreibung

„Curriki" ist eine Plattform mit Bildungsressourcen für Lehrer, Studenten und Eltern, mit dem Ziel des kostenlosen Austausches und der freien Benutzung („K-12 Open Curricula Community"). Die Inhalte sind nach Altersstufen (bis „K-12") und Fachgebieten erschlossen, zusätzlich wird unterschieden nach Medium (Video, interaktives Medium usw.) und nach Anwendungsart (Spiel, Stundenplan u.a.). Die Abfrage erfolgt einerseits mittels Auswahl der genannten Rubriken, anderseits über eine Datenbank (einfache Suche mit Schlagwort, Stichwort und Altersstufe). Bei der erweiterten Suche kann zusätzlich nach Sprache und Qualitätslevel (begutachtete und rezensierte Ressourcen) recherchiert werden. Die einzelnen Fachgebiete können mittels Browsing erkundet werden.

Urheber	Curriki
Sprache	englisch
Kosten	kostenlos
Weiterführende Links	a) Alliance of Remote Instructional Authoring & Distribution Networks for Europe: http://www.ariadne-eu.org b) Digital Education Resource Archive (DERA) http://dera.ioe.ac.uk

Eintrag	**233**
Titel	**Educeth**
URL	http://www.educeth.ch

Beschreibung

Unter dem Namen „Educeth" präsentiert sich das „ETH-Kompetenzzentrum für Lehren und Lernen", dessen Absicht es ist, das schulische Lehren und Lernen zu optimieren. Nebst vielen Informationsmaterialen und Projekten zu Schule, Lernforschung u.a. findet man eine umfangreiche Datenbank mit kostenlosen Unterrichtsmaterialien. Diese sind in verschiedene Rubriken unterteilt und können mittels Browsing abgefragt werden; eine einfache Suche in den Inhalten ist ebenfalls möglich. Zu jeder Ressource wird die Lehrmethode angegeben.

Urheber	Educeth
Sprache	deutsch
Kosten	kostenlos
Weiterführende	a) educa
Links	http://www.educa.ch

Eintrag	**234**
Titel	**Open Science Resources (OSR)**
URL	http://www.osrportal.eu

Beschreibung

Die Inhalte des Portals „Open Science Resources" (OSR) bieten Zugang zu digitalen Sammlungen europäischer Forschungsinstitutionen und Museen. Im gleichnamigen Repositorium werden Unterrichtsmaterialien (Bilder, Animationen, Videos u.a.) zu den verschiedensten Fachgebieten erschlossen. Mittels Datenbank (Optionen: Volltext, Fachgebiet, Sprache, Altersstufe) können diese Ressourcen und die sogenannten „educational pathways" durchsucht werden (unter „educational pathways" versteht man laut Website „structured and open learning activities organized according the inquiry based pedagogical model"). Mit der Applikation „Mobile OSR" kann zusätzlich auf eine mobile Version der Angebote zugegriffen werden.

Urheber	European Network for Science Centres & Museums (ECSITE)
Sprache	verschiedene Sprachen
Kosten	kostenlos
Weiterführende	a) MIT Open Course Ware
Links	http://ocw.mit.edu/index.htm
	b) NSDL – The National Science Digital Library
	http://nsdl.org/

Eintrag	**235**
Titel	**SODIS – Neue Medien im Unterricht**
URL	http://www.sodis.de

Beschreibung

Mit „SODIS" bieten die deutschen Länder und Österreich eine Datenbank für Medien in der Bildung an. Die Website präsentiert sich sehr umfangreich; neben einer Startseite sind eine Grundschulseite und eine Rubrik „neu in SODIS" (Produkte, Begutachtungen u.a.) zu finden. Eine einfache und erweiterte Suche ermöglicht die Recherche im Datenbestand (zur Auswahl stehen die Felder „Bildungsbereich", „Alter/Klasse", „Fach", „Suchwort" sowie „Medientyp").

Urheber	FWU: Institut für Film und Bild in Wissenschaft und Unterricht
Sprache	deutsch
Kosten	Suche kostenlos; Medienangebot enthält auch kostenpflichtige Inhalte
Weiterführende Links	a) Zentrale für Unterrichtsmedien im Internet e.V. (ZUM) http://www.zum.de

Bibliotheks- und Informationswissenschaft

Eintrag	**236**
Titel	**IFLA Online Learning Platform**
URL	http://www.ifla.org/en/bsla/learning-platform

Beschreibung

Mit der „Online Learning Platform" bietet die International Federation of Library Associations and Institutions (IFLA) Informationsspezialisten aus der ganzen Welt eine Fülle an Weiterbildungsmaterialien und Fallstudien an und fördert damit gleichzeitig das interaktive Lernen. Thematisch gliedern sich die Inhalte in fünf verschiedene Module: 1. Library Associations in Society: An overview, 2. Building Your Library Association, 3. Sustaining your Library Association, 4. Developing Strategic Relationships: Partnerships and Fundraising, 5. Libraries on the Agenda.

Urheber	International Federation of Library Associations and Institutions, IFLA
Sprache	englisch
Kosten	kostenlos, erfordert Registrierung
Weiterführende Links	a) 23 Things http://wiki.sla.org/display/23Things

Philosophie/Psychologie

Eintrag	**237**
Titel	**PsychoPhilo**
URL	http://www.psychophilo.at

Beschreibung

Das Angebot enthält allgemeine einführende Unterrichtsmaterialien zur Psychologie und Philosophie. Beide Fachbereiche sind in verschiedene Rubriken unterteilt; für die Psychologie sind dies folgende Kapitel: Allgemeines, Wahrnehmung, Lernen & Gedächtnis, Denken & Sprache, Emotion & Motivation, Sozialpsychologie. Die Philosophie gliedert sich in die Abteilungen „Allgemeines", „Wirklichkeit", „Erkenntnis" sowie „Ethik".

Urheber	Heinz Hartmann
Sprache	deutsch
Kosten	kostenlos
Weiterführende	a) Lernpsychologie:
Links	http://www.lern-psychologie.de

Religion/Theologie

Eintrag	**238**
Titel	**rpi-virtuell**
URL	http://www.rpi-virtuell.de

Beschreibung

Die Dienstleistung „rpi-virtuell" versteht sich laut Website als „überkonfessionelle Plattform für Religionspädagogik und Religionsunterricht der Evangelischen Kirche in Deutschland". Die Inhalte sind in verschiedene Themenportale unterteilt: Primarstufe, Sekundarstufe 1, Sekundarstufe 2, Aus- und Fortbildung, Online in der Schule, Online mit Erwachsenen, Methoden, Medien, Lebensraum Schule, Interreligiöses Lernen, Menschenrechte, Konfirmandenarbeit. Ein umfangreicher Materialpool ergänzt das Angebot. Mittels Browsing können die einzelnen Themenportale erkundet werden, es kann auch eine Datenbankrecherche (einfache Suche) durchgeführt werden. Für regen Austausch und Vernetzung unter den Usern dienen die „Community" und ein Forum, die Zusammenarbeit wird durch die Lernplattform „Mein rpi" gefördert.

Urheber	Comenius-Institut
Sprache	deutsch
Kosten	kostenlos
Weiterführende	a) Religionsunterricht
Links	http://www.religionsunterricht.net

Sozialwissenschaften, Soziologie

Eintrag	**239**
Titel	**Unterrichtsmaterialien für die Sozialwissenschaften**
URL	http://www.sowi-online.de/unterricht

Beschreibung

Der Verlag sowi-online e. V. präsentiert hier eine Datenbank mit einer umfangreichen Sammlung an Unterrichtsmaterialien für die Sozialwissenschaften und den Sachunterricht. Für die Suche stehen die Optionen „Methode" (z.B. Beobachtung, Experiment, Fallstudie u.v.a.), „Schlagwort", „Schulstufe" (berufliche Schulen, Primarstufe, Sekundarstufe 1, Sekundarstufe 2) sowie „Stichwort" zur Auswahl.

Urheber	sowi-online e. V., Reinhold Hedtke
Sprache	deutsch
Kosten	kostenlos
Weiterführende	a) Lehrplandatenbank
Links	http://www.lehrplaene.org/

Politik

Eintrag	**240**
Titel	**Europäisches Jugendportal**
URL	http://europa.eu/youth

Beschreibung

Das Europäische Jugendportal bietet keine expliziten Unterrichtsmaterialien an, reiht sich jedoch in eine Palette vielfältiger Dienstleistungen zur Förderung von Bildung und Weiterbildung der Europäischen Kommission ein. Die Plattform informiert über Lebens-, Studien- und Arbeitsbedingungen in 31 europäischen Ländern. In acht Themenbereichen werden folgende Inhalte dargestellt: Bildung, Arbeiten, Freiwilligenarbeit/Austausch, Deine Rechte, Portale für Jugendliche,

Infos über Europa, Aktive Bürgerschaft, Reisen durch Europa. Für die Recherche steht eine Datenbank zur Verfügung (einfache und erweiterte Suche).

Urheber	Europäische Kommission – GD Bildung und Kultur
Sprache	EU-Sprachen (25 Sprachen)
Kosten	kostenlos
Weiterführende	a) Politische Bildung
Links	http://www.politischebildung.ch

Wirtschaft, Recht

Eintrag	**241**
Titel	**Iconomix: Ökonomie entdecken**
URL	http://www.iconomix.ch/de

Beschreibung

Unter „Iconomix – Ökonomie entdecken" findet man ein Lehrangebot zur Ökonomie, gegliedert in die zwei Teile „A-la-Carte" und „Module". In der Rubrik „A-la-Carte" werden folgende drei Schwerpunkte thematisiert und multimedial aufbereitet (Simulationen usw.): Aktualität im Schnittpunkt von Wirtschaft, Staat, Gesellschaft, Finanzielle Grundbildung und Klassenzimmerexperimente und Rollenspiele. Zusätzlich wird ein Blog unterhalten. Als Zielgruppe werden Lehrpersonen der Sekundarstufe II (Mittelschulen, Berufsfachschulen) anvisiert.

Urheber	Schweizerische Nationalbank
Sprache	deutsch
Kosten	kostenlos

Sprache/Linguistik, Literaturwissenschaft

Eintrag	**242**
Titel	**Digital Dialects**
URL	http://www.digitaldialects.com

Beschreibung

Die „Digital Dialects" stellen eine reiche Anzahl von Sprachlernangeboten zur Verfügung, die in Form von Online-Spielen erarbeitet werden können. Zurzeit kann aus 60 verschiedenen Sprachen ausgewählt werden (von Afrikaans bis Zazaki); der Anspruch ist es, die wichtigsten Sprachen der Welt zu repräsentieren.

Urheber	Craig Gibson
Sprache	verschiedene Sprachen
Kosten	kostenlos

Mathematik, Naturwissenschaften

Eintrag	**243**
Titel	**Khan Academy**
URL	http://www.khanacademy.org

Beschreibung

Die „Khan Academy" erhebt den Anspruch, Bildungsressourcen von höchster Qualität („world-class education") für jedermann zur Verfügung zu stellen. Mehr als 2400 Videos, vorwiegend aus dem naturwissenschaftlichen Bereich, stehen zur Auswahl, zu jedem Video gibt es als Zusatzfunktion Übungen, die interaktiv gelöst werden können. In der Rubrik „Practice" kann das Gelernte angewendet und überprüft werden, „Test Prep" enthält Testaufgaben (nach amerikanischem Standard), deren Resultate ebenfalls mittels Video vorgezeigt werden. Das Angebot wird durch eine Datenbank mit einfacher Suchoption erschlossen.

Urheber	Khan Academy
Sprache	englisch
Kosten	kostenlos
Weiterführende	a) demonstrationsproject Wolfram Alpha:
Links	http://demonstrations.wolfram.com

Physik, Chemie

Eintrag	**244**
Titel	**XCITR : eXplore Chemical Information**
	Teaching Resources
URL	http://www.xcitr.org

Beschreibung

Unter „XCITR : eXplore Chemical Information Teaching Resources" findet der Anwender ein internationales Repositorium mit Unterrichtsmaterialien für die Chemie. Altersmässig werden die Stufen von „K-12" bis Gymnasium abgedeckt. Die inhaltliche Gliederung unterscheidet sechs Kategorien: Fachgebiet, Anwendungsart, Nachschlagewerke, Materialart, Medienart, Zugangskosten; das Angebot wird mittels Browsing und Datenbanksuche (einfache Feldeingabe) erschlossen.

Urheber	American Chemical Society (ACS) und
	Gesellschaft Deutscher Chemiker e. V. (GDCh)
Sprache	englisch
Kosten	kostenlos (mit wenigen Ausnahmen)
Weiterführende	a) ChemgaPedia (Eintrag 134a)
Links	http://www.chemgapedia.de
	b) comPADRE : physics and astronomy
	education communities
	http://www.compadre.org
	c) Wissenschaft in den Schulen
	http://www.wissenschaft-schulen.de

Technik, Ingenieurwissenschaften

Eintrag	**245**
Titel	**AgrowKnowledge**
URL	http://www.agrowknow.org

Beschreibung

Das „National Resource Center for Agriscience & Technology Education" unterhält mit „AgrowKnowledge" eine Plattform mit Schulungs- und Kursmaterialien, mit dem Ziel, die mathematische und naturwissenschaftliche Komponente innerhalb der Agrarwissenschaften zu stärken. Im „Educator Corner" werden die Inhalte über das „Resource Clearinghouse" erschlossen, weiter sind Workshops und

Webinars im Angebot, E-Books bzw. „Textbooks" und Kursmaterialien können heruntergeladen werden (erfordert Registrierung). Die Inhalte können mit Browsing erkundet oder über eine Datenbankrecherche abgefragt werden (Optionen: Medientyp, Altersgruppe, Zielgruppe).

Urheber	AgrowKnowledge
Sprache	englisch
Kosten	kostenlos
Weiterführende	a) ScienceCinema:
Links	http://www.osti.gov/sciencecinema

Eintrag	**246**
Titel	**Medienportal der Siemens-Stiftung**
URL	http://www.medienportal.siemens-stiftung.org

Beschreibung

Mit dem Medienportal schafft die Siemens-Stiftung eine Plattform für digitale Unterrichtsmaterialien; Zielgruppe sind prioritär Lehrkräfte im schulischen Bereich, es können jedoch auch Dozenten von Bildungseinrichtungen und andere Ausbilder auf die Angebote zugreifen. Zu finden sind sowohl Einzelmedien als auch zusammengestellte Medienpakete. Über eine Datenbank mit ausgefeilter Suchtechnik (Fach, Medienpaket, Mediensprache) kann recherchiert werden.

Urheber	Siemens Stiftung
Sprache	verschiedene
Kosten	kostenlos, mit Registrierung

Medizin, Gesundheit

Eintrag	**247**
Titel	**KELDAmed – die Kommentierte E-Learning Datenbank Medizin**
URL	http://www.ma.uni-heidelberg.de/apps/bibl/KELDAmed

Beschreibung

In der „Kommentierten E-Learning Datenbank Medizin" (KELDAmed) werden Schulungs- und Lernmaterialien aus dem gesamten medizinischen Fachbereich angeboten. Die Inhalte können über eine Datenbank mit folgenden Optionen durchsucht werden: Fachgebiete, Medientypen (Animation, Bilder, eBook, Fallsammlungen, Testfragen/Testfälle, Ton-Dokument, Video, Webportal). Es steht auch eine Stichwortrecherche zur Verfügung.

Urheber	Universität Heidelberg und Medizinische Fakultät Mannheim
Sprache	deutsch, englisch
Kosten	kostenlos

Kunst, Architektur, Musik, Theater, Film

Eintrag	**248**
Titel	**Kunstunterricht**
URL	http://www.kunstunterricht.de

Beschreibung

Die Website „Kunstunterricht" präsentiert eine Fülle an Inhalten für den Kunstunterricht. Neben sachbezogenen Themen sind auch formale Aspekte zu finden; das Ganze gliedert sich in die Bereiche „Gattungen", „Epochen", „Künstler", „Quellen", weiter gibt es die Rubriken „Kunstunterricht", „Kunstunterricht mit dem Computer", „Hard- und Software", „Didaktik/Forschung" sowie „Ausbildung". Als Besonderheit können Fernsehtipps sowie die Kataloge von Schulbüchern für den Kunstunterricht abgefragt werden. Eine Recherchemodul steht für eine einfache Suche zur Verfügung.

Urheber	Bund Deutscher Kunsterzieher e.V. (BDK) und Landesarbeitsgemeinschaft Neue Medien (LAG)
Sprache	deutsch
Kosten	kostenlos
Weiterführende Links	a) Kunstdownload : Materialien zur Kunstpädagogik http://www.kunstdownload.de

Eintrag	**249**
Titel	**Links Musikunterricht**
URL	http://www.8ung.at/hansjoergbrugger

Beschreibung

Mit dieser Dienstleistung erschliesst sich dem Anwender ein umfangreiches Angebot zu fast allen musikalischen Bereichen. Der Zugriff wird durch Browsing gewährleistet.

Urheber	Hansjörg Brugger
Sprache	deutsch
Kosten	kostenlos

Geschichte

Eintrag	**250**
Titel	**Lehrer online**
URL	http://www.lehrer-online.de/geschichte.php

Beschreibung

Auf dieser Plattform finden Lehrpersonen umfangreiche Materialien und Informationen für den Einsatz digitaler Inhalte im Unterricht. Die Rubrik „Recht und digitale Medien" gibt Auskunft über rechtliche Aspekte schulischer Mediennutzung. Über eine Volltextsuche kann das Angebot erkundet werden.

Urheber	LO Lehrer-Online GmbH
Sprache	deutsch
Kosten	kostenlos

Geographie

Eintrag	**251**
Titel	**Geographie und Wirtschaftskunde**
URL	http://www.eduhi.at/gegenstand/geographie/index.php

Beschreibung

Hier öffnet sich Lehrpersonen ein Bildungsportal, das Zugang zu den Fächern „Geographie", „Erdkunde" und „Wirtschaftskunde" bietet, Unterrichtsmaterialien und -software bereitstellt, unterteilt in folgende Themenbereiche: Daten, Didaktik, Geo-Links, Lehrplan, Medien, Regionales, Themen, Unterrichtssoftware. Eine Suche nach Medien, Software, Zeitschriftenartikel, Schule und Veranstaltungen ist möglich.

Urheber	Education Group GmbH
Sprache	deutsch
Kosten	kostenlos
Weiterführende Links	a) Toporopa http://www.toporopa.edu/de

Fachspezifische Weblogs

Eintrag	**252**
Titel	**ALA TechSource Blog**
URL	http://www.alatechsource.org/blog

Beschreibung

Als Abteilung des „publishing departments" der American Library Association gibt die „ALA TechSource" verschiedene Publikationen heraus, darunter auch den Blog. Die Inhalte werden durch eine Liste der neusten Blog-Einträge erschlossen, eine Suche über das gesamte Website-Angebot ist möglich.

Urheber	American Library Association (ALA)
Sprache	englisch
Kosten	kostenlos
Weiterführende	a) ACRLog
Links	http://acrlog.org

Eintrag	**253**
Titel	**Bibliofuture**
URL	http://bibliofuture.blogspot.com

Beschreibung

„Bibliofuture" bietet Lesestoff zu viel Wissenswertem rund um „The Future of the Book - Watching the world of books, ebooks, libraries, and publishing". Das Angebot wird durch ein Blogarchiv und eine Suchfunktion erschlossen.

Urheber	Bibliofuture
Sprache	englisch
Kosten	kostenlos

Eintrag	**254**
Titel	**Biblionik**
URL	http://biblionik.de

Beschreibung

Das Biblionik-Blog steht laut Slogan auf der Website für „Revolutionierung von Bibliothek und Wissensorganisation durch das Internet". Zurzeit ist kein Blogarchiv verfügbar.

Urheber	Lambert Heller, Hannover
Sprache	deutsch
Kosten	kostenlos
Weiterführende	a) Bibliothek 2.0
Links	http://www.bibliothek2null.de
	b) Jakoblog:
	http://www.jakoblog.de
	c) OpenBibBlog:
	http://blog.openbib.org

Eintrag	**255**
Titel	**Conference Circuit**
URL	http://www.theconferencecircuit.com

Beschreibung

Mit dem Blog „Conference Circuit" erhält man eine Zusammenstellung von Angeboten zu und über internationale Konferenzen aus der Welt der Informationstechnologie und –industrie. Zusätzlich ist eine „Conference Circuit Column" verfügbar. Die Inhalte lassen sich mittels Datenbankabfrage durchsuchen.

Urheber	Donald T. Hawkins
Sprache	englisch
Kosten	kostenlos
Weiterführende	a) LibConf
Links	http://www.libconf.com

Eintrag	**256**
Titel	**The Embedded Librarian**
URL	http://embeddedlibrarian.wordpress.com

Beschreibung

Die versteht sich als ein Blog zu allen Aspekten betreffend „embedded librarianship" und verfolgt die Absicht, neue Wege in den Bibliotheken zu erkunden: „exploring new, embedded roles for librarians in organizations of all types". Ein Archiv und eine Datenbank ermöglichen die Recherche.

Urheber	David Shumaker
Sprache	englisch
Kosten	kostenlos

Eintrag	**257**
Titel	**Future Ready 365**
URL	http://futureready365.sla.org

Beschreibung

Die „Special Libraries Association" (SLA) hat mit „Future Ready 365" ein Blog initiiert, das sich inhaltlich schwerpunktmässig mit den zukünftigen Herausforderungen des Informationsmarktes beschäftigt. Jeden Tag macht sich ein SLA-Mitglied in einem Blogbeitrag Gedanken zu Strategien und Visionen von morgen. Das Blogarchiv kann mittels Datenbankabfrage durchsucht werden.

Urheber	Special Libraries Association (SLA)
Sprache	englisch
Kosten	kostenlos

Eintrag	**258**
Titel	**Hangingtogether**
URL	http://hangingtogether.org

Beschreibung

Mit „Hangingtogether" steht ein englisches Blog für Bibliotheken, Archive und Museen zur Verfügung, die Beiträge stammen von Mitarbeitern des Online Computer Libary Centers (OCLC). Das Blogarchiv kann mittels Datenbank und Browsing durchsucht werden.

Urheber	Online Computer Libary Centers (OCLC)
Sprache	englisch
Kosten	kostenlos

Eintrag	**259**
Titel	**Hapke-Weblog**
URL	http://blog.hapke.de

Beschreibung

Obschon das „Hapke-Weblog" deutschsprachig ist, bedient es sich einer englischen Umschreibung des Inhalts: About information literacy, history, philosophy, education and beyond (laut Website). Eine Blogarchivsuche (Browsing und Datenbank) erschliesst das Angebot.

Urheber	Thomas Hapke, Lüneburg
Sprache	deutsch
Kosten	kostenlos

Eintrag	**260**
Titel	**In the Library with the Lead Pipe**
URL	http://www.inthelibrarywiththeleadpipe.org

Beschreibung

Neue Ideen und Diskussionen von sechs amerikanischen BibliothekarInnen aus wissenschaftlichen, allgemein öffentlichen Bibliotheken und Schulbibliotheken werden unter diesem vielversprechenden Titel weitergeleitet. Eine Suche im Blogarchiv ist gewährleistet durch Datenbankabfrage und Browsing.

Urheber	Bibliothekarenteam
Sprache	englisch
Kosten	kostenlos
Weiterführende	a) Librarian of Fortune
Links	http://www.librarianoffortune.com

Eintrag	**261**
Titel	**Infotoday Blog**
URL	http://www.infotodayblog.com

Beschreibung

Das „Infotoday Blog" ist ein Konferenzweblog, verfasst von den Herausgebern der Zeitschrift „Information Today", die inhaltliche Ausrichtung liegt vorwiegend auf Informations- und Kommunikationstechnologien. Die üblichen Suchfunktionen (Datenbank und Browsing) erschliessen das Archiv.

Urheber	Information Today
Sprache	englisch
Kosten	kostenlos

Eintrag	**262**
Titel	**Librarybytes**
URL	http://www.librarybytes.com

Beschreibung

Das Blog hat das Ziel, „Byte-size chunks of news about libraries & new technologies" zu vermitteln. Die denkwürdigen Inhalte werden mittels Datenbankabfrage und Browsing erschlossen.

Urheber	Helene Blowers
Sprache	englisch
Kosten	kostenlos
Weiterführende	a) The Centered Librarian
Links	http://centeredlibrarian.blogspot.com/

Eintrag	**263**
Titel	**LITA Blog**
URL	http://litablog.org

Beschreibung

Der Blog der „Library and Information Technology Association" (LITA) bietet Informationen und Interessantes zu Inhalten mit wissenschaftlicher-technischer Ausrichtung. Fürs Archich steht eine Browsingfunktion und eine Datenbankabfrage zur Verfügung.

Urheber	Library and Information Technology Association (LITA)
Sprache	englisch
Kosten	kostenlos
Weiterführende	a) Blog for Library Technology (BLT)
Links	http://mblog.lib.umich.edu/blt
	b) Library Technology Guides
	http://www.librarytechnology.org/blog.pl

Eintrag	**264**
Titel	**Lorcan Dempsey's Weblog**
URL	http://orweblog.oclc.org

Beschreibung

Das Blog von Lorcan Dempsey, dem Vizepräsidenten des Online Computer Library Centers (OCLC), befasst sich inhaltlich mit „libraries, services and networks", die Beiträge bewegen sich oft nah an den forschungsrelevanten Themen des OCLC. Eine Archiv und eine Datenbankabfrage stehen zur Verfügung.

Urheber	Lorcan Dempsey
Sprache	englisch
Kosten	kostenlos
Weiterführende	a) Phil Bradley´s Weblog
Links	http://philbradley.typepad.com

Eintrag	**265**
Titel	**Tame The Web**
URL	http://tametheweb.com

Beschreibung

„Tame the Web" ist ein sehr innovatives Blog, das technologisch auf dem neusten Stand ist und sich mit Themen wie „Libraries", „Technology" und „People" befasst. Die Inhalte sind mittels Datenbankabfrage und über ein Blogarchiv erschlossen.

Urheber	Michael Stephens
Sprache	englisch
Kosten	kostenlos

Website-Register

Stichwortregister